The Power of Prayer – One-Minute Devotions™ by E. M. Bounds

Copyright © 2007 by Christian Art Distributors Pty Ltd.
Japanese edition © 2016 by Japan Bible Society with permission of
Christian Art Distributors Pty Ltd. All rights reserved.

Compiled by Kobus Sandenbergh from *The Necessity of Prayer*,
Essentials of Prayer, and *Power through Prayer* by E. M. Bounds.

1分間の黙想　祈りの力
日本聖書協会　訳

『聖書 新共同訳』
© 共同訳聖書実行委員会　© 日本聖書協会 1987

2016年9月15日　初版発行
2019年11月1日　第6刷

ISBN 978-4-8202-9238-8

Printed in China

発行:一般財団法人 日本聖書協会
東京都中央区銀座四丁目5-1
電話:03-3567-1987
http//www.bible.or.jp
JBS-ed.6-2,400-2020

　　　　　　　　　　　　　　　　　　　　　　　ヘ

　　　　　　　　　　　　　　　　　　　　　　より

1分間の黙想
祈りの力

E・M・バウンズ

日本聖書協会

1 月

祈りはすべてに関わる

しかし、わたしにとって有利であったこれらのことを、
キリストのゆえに損失と見なすようになったのです。
（フィリピの信徒への手紙3・7）

　祈りは人間の全存在と関わります。人は祈るとき、自分が生まれつき有するすべてをもって祈ります。祈りから益を得るとき、その益はその人の全存在に及びます。
　人が自分自身を——すなわち、自分のすべて、自分の持てるすべてを——神にささげるとき、祈りは最大の実りをその人にもたらします。
　これこそが、最大の実りを生む、完全な献身と祈り方の秘訣なのです。

愛する主よ。わたしは祈るとき、わが身を完全にあなたにささげたいと望みます。わが生涯があなたの栄光のために最大の実りを生み出すことができますように。アーメン。

1月1日

祈りの力

彼がわたしを呼び求めるとき、彼に答え
苦難の襲うとき、彼と共にいて助け
彼に名誉を与えよう。
（詩編 91・15）

　神の啓示によれば、祈りの力とはいかなるものなのでしょうか。祈りの必要性は、人間と切り離せません。人が祈るとき人間の本性が叫ぶのです。

　人間がそこにいるから、祈りもそこにあります。神がそこにおられるから、祈りもそこにあります。人間のあらゆる本能、欲求、願い、存在そのものから、祈りは生まれます。

　神は、まことの祈りによって人を救う力に限界を設けません。祈りの力は、神の限りない義と、全能の力と結ばれています。だから、神にできないことはないのです。

愛する神よ。あなたは何でもおできになります。だから、祈りの力に限りがないことをわたしは知っております。わたしたちがすべきなのは、ただ願うことだけです。アーメン。

1月2日

祈りはすべてを一つに結び合わせる

どうか、平和の神御自身が、あなたがたを全く聖なる者としてくださいますように。また、あなたがたの霊も魂も体も何一つ欠けたところのないものとして守り、わたしたちの主イエス・キリストの来られるとき、非のうちどころのないものとしてくださいますように。　　　　　　　　　　（テサロニケの信徒への手紙一 5・23）

　聖性は人間全体の問題です。神は、聖なる民が、心から真実をもって神に仕え、祈ることを望まれます。これこそが神が指導者に望む姿です。また、祈る民はそこから形成されるのです。
　人が祈るとき、その人のすべての部分が祈りの中で神と一つに結ばれます。人はなすべきあらゆる敬虔の業と一つに結ばれます。魂も心も体も、命と信心に関わるあらゆることと一つに結ばれます。

　愛する神よ。わたしはあなたに祈る民の一員になりたいと望みます。あなたに仕えるために、わたしを完全で聖なる者にしてください。アーメン。

1月3日

ひざまずいて祈る

> そして自分は、石を投げて届くほどの所に離れ、
> ひざまずいてこう祈られた。
> （ルカによる福音書 22・41）

　人が祈るとき、その人の身体も積極的に用いられます。特定の祈る姿勢をとるからです。人は祈るとき、体も心もひざまずきます。身体的な姿勢は祈りにとって大きな意味を持ちます。

　主は裏切られる直前、ゲツセマネで身を投げ出して祈られました。心から真実をもって祈るとき、身体も、そのときの心の状態に最も適した姿勢をとるのです。こうして祈りの中で身体が心と結ばれます。

　全能の神よ。わたしは心からあなたに祈ります。身も心も御前にひざまずき、ひれ伏しながら。アーメン。

1月4日

祈りと思い

あなたがたはこの世に倣ってはなりません。むしろ、心を新たにして自分を変えていただき、何が神の御心であるか、何が善いことで、神に喜ばれ、また完全なことであるかをわきまえるようになりなさい。
(ローマの信徒への手紙 12・2)

　人が祈るとき、その人の全存在が関わらなければなりません。その人の命、心、感情、思いを祈りに用いなければなりません。全神経を一つにして祈らなければならないのです。
　祈るときは、知性も力を発揮しなければなりません。祈りの中で知性を働かすのは当然のことです。まず、人は祈りについて考えます。知性は、わたしたちに、自分が祈らなければならないことを教えてくれます。まず真剣に考えることにより、知性は恵みの座に近づく準備を行うのです。
　考えることは祈りに先立つと共に、道を整えます。何を祈り願うかを思い巡らすからです。

愛する神よ。あなたの恵みの座に近づくわたしは、自分のすべてをあなたにささげたいと望みます。体も思いも魂もすべてを。アーメン。

1月5日

ただひたすら願う

「主よ、……わたしたちにも祈りを教えてください」
（ルカによる福音書11・1）

　真に祈るには、神に何を願うべきかをあらかじめ知っていなければなりません。祈るとは、ある特定のことを願うことです。祈る人は、思いを完全に神にささげ、神について、自分が必要としているもの、これまでに与えられたものについて思い巡らします。
　祈りの第一歩は、考えることです。わたしたちは知性によって学ばなければなりません。わたしたちは、祈りの中で知性を神にささげたとき、初めてどう祈ればよいかを学べるのです。

　主イエスよ。かつて弟子たちがしたのと同じように、今日、わたしたちはあなたに願います。「わたしたちにも祈りを教えてください」。アーメン。

1月6日

熱心さと、聖霊の油の注ぎ

信仰とは、望んでいる事柄を確信し、
見えない事実を確認することです。
（ヘブライ人への手紙 11・1）

　多くの場合、熱心さと、聖霊の油の注ぎは混同されます。人は神の油を注がれることによって、霊的な意味で熱心となるのです。
　熱心さとは、真剣さ、まじめさ、熱意、忍耐強さを意味するかもしれません。しかし、これらの力が人間的な力を超えることはありません。そこに人間性は見いだされても、神は存在しないことがありえます。熱心さが、形を変えた利己心である場合さえあるのです。
　聖霊の油の注ぎの場合はどうでしょうか。聖霊の油の注ぎは、説教の不可欠の要素です。説教を説教たらしめるのは、聖霊の油の注ぎだからです。聖霊の油の注ぎは、単なる人間的な言葉と説教の違いの決め手となるものです。聖霊の油の注ぎは説教の神的要素なのです。

愛する主よ。わたしはあなたに自分のことを忘れて祈りたいと望みます。あなたの恵みによって聖霊の油を注いでください。わたしをお導きください。アーメン。

1月7日

祈りの効果の大きさ

いかに幸いなことでしょう
主の定めを守り
心を尽くしてそれを尋ね求める人は。
（詩編 119・2）

　聖なる人は、自分を完全に祈りにささげます。祈りは大きな影響と効果をもたらします。
　神とその御計画に関わるのは、とてつもなく大きな仕事です。人はそのためには心からこの仕事に打ち込まなければなりません。
　この何よりも大切で神的な仕事を、中途半端な努力で成し遂げることは不可能です。人は全人格をもって祈らなければなりません。こうして祈りは、祈る人の性格と運命に大きな影響を及ぼすのです。

　愛する主なる神よ。中途半端な努力で祈れないことを、わたしは知っています。あなたにすべてをささげて祈ることができるように、わたしをお助けください。アーメン。

1月8日

今日の糧

堅固な思いを、あなたは平和に守られる
あなたに信頼するゆえに、平和に。
(イザヤ書 26・3)

　真の祈りは、目の前にある試練や困難から生まれます。今日、与えられた糧は、明日も糧を与えられることの強力な保証です。わたしたちは今日、神に信頼して、明日を完全に神に委ねなければなりません。現在はわたしたちのものであり、明日は神のものだからです。
　人は、毎日、糧を必要とするのと同じように、毎日、祈りを必要としています。どれだけたくさん今日、祈っても、それで明日、祈らなくてよいということにはなりません。
　わたしたちは今日の糧で満足します。明日、神はまた、わたしたちの必要に応えてくださいます。これが、神の求めておられる信仰です。ですから、明日の思い煩いを神の御手に委ねようではありませんか。

愛する神よ。わたしをお助けください。今日、必要とすることについてあなたに依り頼み、明日のことは完全に御手に委ねることができますように。あなたは必ず計らってくださいます。アーメン。

1月9日

祈りは子どもの遊びではない

キリストは、肉において生きておられたとき、激しい叫び声をあげ、涙を流しながら、御自分を死から救う力のある方に、祈りと願いとをささげ、その畏れ敬う態度のゆえに聞き入れられました。 　　　　　　　　　　　　　　　（ヘブライ人への手紙5・7）

　祈りはささいなことではありません。人は祈るために、自分の精神的・霊的な力をすべて用いるのです。このことは、わたしたちの主の祈りについて述べた、この聖書の箇所から分かります。

　このような祈りが、いかに神の力をあますところなく引き出すことができるかは、すぐに分かります。こうした祈りは、魂を神に近づけ、また神を地上に引き寄せるのです。

　幼い時から子どもに祈りを教えるのは当然のことですが、祈りは子どもが行うことではありません。祈りは、体も心も含めた人間全体で行うことだからです。

愛する神よ。あなたに感謝します。あなたは、祈るとは本当にどういうことか、模範を示してくださったからです。アーメン。

1月10日

祈るキリスト者

兄弟たち、わたしたちの主イエス・キリストによって、
また、〝霊〟が与えてくださる愛によってお願いします。
どうか、わたしのために、
わたしと一緒に神に熱心に祈ってください。
（ローマの信徒への手紙 15・30）

　パウロは全存在をもって祈るすべを知っていました。「わたしと一緒に神に熱心に祈ってください」という言葉は、パウロの祈りと、祈りへの献身を物語っています。パウロの祈りは激しい苦闘のようなものでした。祈るキリスト者は、一人の兵士のように、生と死を賭けて戦います。自分の名誉と永遠の命がすべてそこに賭けられています。すべては祈りに注ぐ力にかかっているのです。
　祈りが成功を収めるために、人は存在のすべての部分を用います。それと同じように、人はそのような祈りから報いを与えられます。こうした祈りは、わたしたちの心の一致と、自分たちが主のものであることへの深い確信を必要とします。

　愛する神よ。あなたに感謝します。わたしたちが全存在をもってあなたに祈るとき、あなたはわたしたちの全生涯を祝福してくださるからです。アーメン。

1月11日

人間に触れる聖霊

主はわたしを青草の原に休ませ
憩いの水のほとりに伴い
魂を生き返らせてくださる。
主は御名にふさわしく
わたしを正しい道に導かれる。
(詩編 23・2-3)

　信じる者が全存在をもって祈るとき、神はその人を祝福してくださいます。明晰な思考、進んだ理解、健全な推論の力は、祈りからもたらされます。
　神の導きとは、神が知性を動かし、知性に触れて、わたしたちが賢明な決断を行えるようにするということです。祈りに導かれた多くの説教者は、この点において神の大きな助けと導きを得てきました。かつて十分な教育を受けたことのない人の精神と思考が、聖霊によって驚くべき仕方で解き放たれたとき、彼らはそれが祈りの恵みによると言いました。人々の精神は、聖霊の恵み深い力を感じ取ったのです。

1月12日

愛する神よ。わたしは祈ります。神であるあなたの導きによって、聖霊がわたしの人生に触れてくださるのを体験することができますように。アーメン。

信仰

「はっきり言っておく。だれでもこの山に向かい、
『立ち上がって、海に飛び込め』と言い、少しも疑わず、
自分の言うとおりになると信じるならば、
そのとおりになる。」
（マルコによる福音書 11・23）

　信仰は、神と語ることを望む信者の心になければならない、不可欠の要素です。
　信者は、目に見えないものを信じ、それに手を伸べなければなりません。祈るとは、自らに本来備わっている、計り知れない遺産を認め、捕まえようとする信仰のことです。また信仰は、祈ることをやめれば、生きていけません。
　信仰は不可能なことを行います。神にわたしたちを保証していただくからです。そして神にできないことはないからです。信仰の力はなんと偉大なものでしょうか。それには制限も限界もありません。

　全能の神よ。わたしは知っています。あなたと語り合おうと望むなら、信仰が不可欠だということを。あなたに感謝します。あなたと共にいるなら、不可能なことも可能だからです。アーメン。

1月13日

信仰が無くなるとき

「シモン、シモン、サタンはあなたがたを、小麦のようにふるいにかけることを神に願って聞き入れられた。しかし、わたしはあなたのために、信仰が無くならないように祈った。だから、あなたは立ち直ったら、兄弟たちを力づけてやりなさい。」

(ルカによる福音書 22・31-32)

　信仰はキリスト者の生活と魂の安定の基盤です。イエスはペトロの否みを予見して、警告しています。主は最も重要な真理を述べています。主はペトロの信仰を守ろうとしたのです。
　主は知っておられました。信仰が無くなるとき、霊的生活の基盤も失われ、信仰生活の骨組み全体が倒壊することを。
　ペトロの信仰は、守ってもらうことを必要としました。だからこそキリストは弟子の魂を気遣い、勝利をもたらす御自身の祈りをもってペトロの信仰を強めようとしたのです。

　神よ。あなたはご存じです。信仰が無くなるとき、わたしたちの霊的生活も失われることを。今日もわたしの信仰を強め、お守りください。わたしの目があなたを見つめ続けることができますように。アーメン。

恵みに恵みを加える

> あなたがたは、力を尽くして信仰には徳を、
> 徳には知識を、知識には自制を、自制には忍耐を、
> 忍耐には信心を……加えなさい。
> （ペトロの手紙二 1・5-6）

　恵みと実りにおいて成長することは、キリスト教的生活の安定の基準です。出発点となるのは信仰です。それは他の聖霊の恵みの基盤です。恵みにおいて成長できるかどうかは、正しく信仰から始めることにかかっています。

　神は順序を定められました。ペトロはそれを自覚しています。ペトロは続けて言います。わたしたちは、召されていること、選ばれていることを確かなものとするように、常に心がけなければなりません。この選びは、信仰に加えて、絶えず熱心に祈ることによって確かなものとされます。

　信仰は祈ることによって生き生きと保たれます。恵みに恵みを加えるこの歩みと共に歩むのは、祈りです。

愛する神よ。わたしは恵みと信仰において成長したいと望みます。あなたの聖霊によってわたしを導いてください。絶えざる祈りによって信仰を強めることができますように。アーメン。

1月15日

力強い祈り

イエスは、近寄って来て言われた。
「わたしは天と地の一切の権能を授かっている。」
（マタイによる福音書 28・18）

　力強い祈りをもたらす信仰とは、力ある方を中心とする信仰です。キリストの力、それも偉大なことをなさるキリストの力への信仰こそが、深く祈る信仰です。
　イエスは御自分の力への信仰を強めようと望まれました。だからこそイエスはわたしたちに、信仰への力強い励ましである、この最後の偉大な言葉を残されたのです。
　信仰は従順です。信仰は、「行け」と言えば行きます。息子が重病にかかった百人隊長が、イエスのところに来て行ったとおりです。神の御心を行うことこそが、まことの信仰の不可欠な条件です。また、完全な従順に必要なのも、信仰です。

　愛する主よ。日々、あなたに信頼できますように、わたしをお助けください。わたしの信仰が強められ、より力強くあなたに祈ることができますように。アーメン。

1月16日

忍耐強い信仰

沈黙して主に向かい、主を待ち焦がれよ。
（詩編 37・7）

　信仰は、しばしば、神の前で忍耐強く待つことを要求します。神がなかなか祈りに応えてくださらないのを待つことを要求します。祈りがすぐにかなえられないからといって、信仰が失望することはありません。信仰は神の言葉をそのまま信じます。神が御自分のなさろうとすることをいつなさるかを、神に委ねます。
　まことの信仰は、ある程度の遅れや長い日々を待つよう定められています。しかし、信仰はこの制約を受け入れます。信仰は、祈りはすぐにかなえられないことを知っています。そして、この遅れを試練の時と見なします。この時は、信仰が勇気と忍耐から成ることを示すのです。

　愛する神よ。あなたが祈りに応えてくださるのを忍耐強く待つことができるように、お助けください。あなたに感謝します。わたしはあなたへの信仰によって、失望することがないからです。アーメン。

聖霊の油を注がれる

というのは、神の言葉は生きており、力を発揮し、
どんな両刃の剣よりも鋭く、精神と霊、
関節と骨髄とを切り離すほどに刺し通して、
心の思いや考えを見分けることができるからです。
(ヘブライ人への手紙 4・12)

　誰もが、草の葉を朝日が輝かす朝のすがすがしさを知っています。しかし、誰がそれを言い表すことができるでしょうか。まして誰がそれを造り出すことができるでしょうか。聖霊の油の注ぎの神秘はそれと同じです。
　わたしたちはそれを知っていますが、それがどのようなことか、人に語ることができません。わたしたちはそれを「油の注ぎ」または「塗油」と呼びます。油の注ぎとは、わたしたちが自由に造り出すことのできないものです。この油の注ぎこそが、説教者の言葉に鋭い意味と力を与えます。油の注ぎこそが、死んだ集会に摩擦と動きと再生をもたらすのです。
　聖霊の油の注ぎは、信者を教え、罪人を神へと導くための、かけがえのない恵みです。

1月18日

愛する神よ。わたしはあなたがわたしの生活の上に聖霊の油を注いでくださることを必要とします。わたしはあなたを力強く証ししたいと望みます。アーメン。

今日の新たな糧

「わたしたちに必要な糧を今日与えてください。」
（マタイによる福音書6・11）

　信仰は、わたしたちがこの世で必要とするものと、霊的に必要とするものに応えてくれます。信仰は、何を食べ、何を飲み、何を着ようかといった不要な思い煩いを取り除きます。信仰は完全な心の平安をもたらします。
　わたしたちは、「必要な糧」を祈るとき、自分の祈りから明日を締め出します。明日の恵みや明日の糧を求めません。
　よく祈る人は、明日必要なものではなく、今日必要なものを祈るのです。明日必要なものを祈ることは不要です。明日は存在しないかもしれないからです。

　父である神よ。あなたは御自分の子らに日々糧を与えてくださいます。だからわたしは今日の糧のみを祈ります。
アーメン。

1月19日

祈りはたやすいことではない

> 彼は答えた。「『心を尽くし、精神を尽くし、力を尽くし、思いを尽くして、あなたの神である主を愛しなさい、また、隣人を自分のように愛しなさい』とあります。」
> （ルカによる福音書10・27）

　これが、律法の中で何が第一の最大の掟かという、律法の専門家の問いに対するイエスの答えです。言い換えると、人は全人格をもって、限界なしに神を愛さなければなりません。人は神が御自分の子たちに求めたように祈らなければなりません。

　神の掟に喜んで完全に従うには、神に心をすべてささげることが必要です。それと同じように、実りをもたらす祈りには、心のすべてが要求されます。また、祈りには全人格が必要なので、祈りはたやすいことではありません。祈るとは、単に膝をかがめたり、祈りの言葉を唱えることではありません。祈りは聖なる業です。

　主よ。祈りがたやすいことではないことが今日あらためて分かりました。あなたに祈るとき、あなたはわたしのすべてを求められます。わたしが祈れるようお助けください。アーメン。

1月20日

神殿の奉献

「今後この所でささげられる祈りに、わたしの目を向け、
耳を傾ける。 今後、わたしはこの神殿を選んで聖別し、
そこにわたしの名をいつまでもとどめる。」
(歴代誌下 7・15-16)

　神殿の奉献の際のソロモンの祈りは、霊感を受けた知恵と敬虔から生まれたものです。この祈りは、祈りとは何かを、はっきりと力強く示します。国を襲った天災、罪、穀物への被害、また、病気、痛み、個人の罪などの人々の困窮も祈られます。

　これらの事柄すべてを祈りは癒やします。神に祈ること、それも祈ることそのものが、悲惨な状況を癒やしてくれるのです。なぜなら、神は、誰も癒やすことのできないときに、癒やすことのできる方だからです。神にできないことはありません。

全能の神よ。あなたに感謝します。あなたは何でもおできになり、わたしの人生のすべての苦しみを癒やしてくださいます。わたしがなすべきなのは、熱心にあなたに祈ることだけです。アーメン。

1月21日

信仰の成長

「だから、言っておく。祈り求めるものは
すべて既に得られたと信じなさい。
そうすれば、そのとおりになる。」
（マルコによる福音書 11・24）

　祈りは信仰を神に向かわせると共に、神の御手を地上へと向かわせます。山を動かすことができるのは神だけです。しかし、信仰と祈りは神を動かすのです。主はいちじくの木を呪うことにより、御自分の力を示されました。その後、主は言われます。信仰と祈りには大きな力が与えられている。しかもそれは、殺すためではなく、生かすためだと。
　ここで語られているのは、信仰が何かを引き起こすということです。信仰とは、神の感覚であり、交わりの経験であり、事実です。
　年月がたつにつれて、信仰は増しているでしょうか。それとも無くなっているでしょうか。罪が増し加わり、多くの人の愛がさめても、信仰は強まり、しっかりしたものとなっているでしょうか。

1月22日

　主よ。山を動かすことができるのはあなただけです。けれどもあなたに感謝します。わたしの信仰と祈りはあなたを動かすからです。わたしは御名を賛美します。アーメン。

心からの祈り

どうか、平和の神御自身が、あなたがたを全く聖なる者としてくださいますように。また、あなたがたの霊も魂も体も何一つ欠けたところのないものとして守り、わたしたちの主イエス・キリストの来られるとき、非のうちどころのないものとしてくださいますように。　　　　　　　　　　（テサロニケの信徒への手紙一5・23）

　かつて祈りによって大きな実りをもたらし、偉大なことを生じさせ、神に偉大な業を行わせた人々は、祈るときに神に完全に身をささげました。
　わたしたちが祈るとき、神は完全な献身を求められます。神は人々が心をすべてささげることを求められます。このような人を通じて、神はすべての人に対する御計画を実現することができるのです。
　神にも世にも自分自身にも心を一つにして身をささげなければ、なすべき祈りをささげることはできません。

愛する神よ。今日わたしはわが生涯を完全にあなたにささげます。わたしは祈りの中ですべてをあなたにささげます。アーメン。

1月23日

苦難の時の祈り

「それから、わたしを呼ぶがよい。
苦難の日、わたしはお前を救おう。
そのことによって
お前はわたしの栄光を輝かすであろう。」
(詩編 50・15)

　多くの御言葉は、祈りの力と祈りがもたらすすばらしい実りについて語っています。
　しかしながら、祈りが向かうところは、苦難よりも大きく、悲しみよりも広く、苦しみよりも限りがありません。祈りは、神の民に降りかかるこれらすべての悪を癒やすことが可能です。祈りはすべての涙をぬぐい取ることができます。祈りは打ち沈む心をすべて立ち上がらせることができます。祈りはすべての失望を消し去ることができます。
　祈りによって、神は常にわたしたちのもとに来て、祝福し、助けてくださいます。そして、神の力が驚くべき仕方で示されます。

1月24日

　主なる神よ。この世でさまざまな苦難が待ち受けていることをわたしは知っています。しかしあなたに感謝します。あなたが世に打ち勝ち、わたしたちは失望しなくてもよいからです。アーメン。

祈りの人サムエル

わたしもまた、あなたたちのために祈ることをやめ、
主に対して罪を犯すようなことは決してしない。
（サムエル記上 12・23）

　サムエルは、祈りを通じて神を動かした旧約の人物として際立っています。サムエルが願ったことの中で一つとして神が聞き入れなかったものはありません。サムエルの祈りは必ず神を動かしました。そして、サムエルの祈りなしには決して実現しなかったことを神がするように仕向けました。
　サムエルは祈りの力を示したことでも際立っています。祈りはサムエルにとり自然な行動でした。サムエルとその祈りによって、神の業は失意の状況の中から実現されました。こうしてイスラエルは命を吹き返します。その実りの一つがダビデです。

　神よ。あなたに感謝します。あなたは普通の人々を用いられます。あなたは彼らに武具を与え、彼らを導いて、あなたの栄光のために偉大なことを行わせてください。アーメン。

1月25日

神がすぐに応えてくださらないことから学ぶ

> 「はっきり言っておく。わたしたちは知っていることを
> 語り、見たことを証ししているのに、
> あなたがたはわたしたちの証しを受け入れない。」
> （ヨハネによる福音書3・11）

　神がすぐに応えてくださらないことは、多くの場合、信仰の試練でもあり、信仰の力でもあります。けれども信仰は、待ち、祈ることによって強められます。忍耐をよく学べるのは、待つことが求められるときです。ある意味で、神がすぐに応えてくださらないことは、祈りの本質そのものです。

　神は、最終的な答えを示す前に、多くのことをなさらなければなりません。それは、神に恵みを願う人のための不滅の善にとって本質的な事柄です。

　恐れてはなりません。イエスは来ておられます。イエスがすぐに来てくださらないことは、イエスの到来がよりいっそう祝されるために役立ちます。祈り続けなさい。待ち続けなさい。イエスは来ておられます。遅れることはありません。

1月26日

　愛する神よ。御名をたたえ、感謝します。あなたがわたしの祈りに応えてくださることを確信します。たとえ待っているときでも、あなたがすぐに来てくださることを知っております。アーメン。

説教の聖なる仕方

> 二人は、「道で話しておられるとき、
> また聖書を説明してくださったとき、
> わたしたちの心は燃えていたではないか」
> と語り合った。
> （ルカによる福音書 24・32）

　注がれた油をなくした説教者は、説教の仕方をも見失います。

　他にどのような才能や能力を持ち続けていたとしても——説教の準備法、弁論術、優れた思考法、聴衆の喜ばせ方など——、彼は説教の聖なる仕方を見失います。注がれた油こそが、神の真理を強め、人々の関心を引き付けるのです。注がれた油は、人々を引き寄せ、教え、説得し、救います。

　同じ注がれた油が、啓示された神の真理を生き生きとしたものとし、そこから命をもたらします。油の注ぎがなければ、神の真理は死んだも同然です。

　神よ。今日もわたしの人生にあなたの油を注いでください。あなたのメッセージを力強く人々に伝えることができますように。アーメン。

1月27日

イエスの名によって祈る

「わたしの名によってわたしに何かを願うならば、
わたしがかなえてあげよう。」
（ヨハネによる福音書 14・14）

　なんとすばらしい言葉でしょうか。御名による祈りに対して、神はどれほどのことをしてくださることでしょうか。キリストへの信仰こそが、あらゆる業と祈りの基盤です。
　いかなるすばらしい業も、いかに祈るかにかかっています。すべての祈りはイエス・キリストの名によって行われます。驚くほど単純な教えは、主イエスの名によって祈りなさいというものです。それ以外の条件は取るに足りないものです。
　イエスがあなたの心に住むなら——そして、イエスの命があなたの命に代わるならば——、あなたはイエスに完全に従います。この従順が、人生全体を導く霊感と力となるのです。

　主よ。あなたに感謝します。わたしたちは御名によってどんなことでもあなたに願うことができるからです。そしてあなたはそれをかなえてくださいます。アーメン。

1月28日

神の力

> なぜなら、キリストの愛が
> わたしたちを駆り立てているからです。
> わたしたちはこう考えます。すなわち、
> 一人の方がすべての人のために死んでくださった以上、
> すべての人も死んだことになります。
> （コリントの信徒への手紙二 5・14）

　神が注いでくださる油は、福音の説教と、他のあらゆる真理の伝え方を区別する特徴です。福音の説教は、啓示された真理と、神の力を前提としています。

　油の注ぎは、神を、御言葉と神の民に委ねます。油の注ぎは、知性を研ぎすまし、洞察と力を与えます。それは説教者に、心の力を与えます。心の力は知性の力よりも強力です。

　油の注ぎがもたらすのは、成長と、深い思考と、単純な説教です。

愛する主イエスよ。あなたの聖なる油を注いでください。わたしの知性に霊感を与え、洞察をもたらし、わたしを通してあなたの力をお示しください。イエスの御名によって祈ります。アーメン。

1月29日

神の憐れみ

神は唯一であり、神と人との間の仲介者も、
人であるキリスト・イエスただおひとりなのです。
この方はすべての人の贖いとして御自身を献げられました。
(テモテへの手紙一 2・5-6)

　パウロは祈りが人間のあり方の一部をなすものだと知っていました。また祈りは人間のあり方の一部をなすものでなければなりません。祈りは人間全体を全人類に対する聖なる憐れみへと導きます。人はすべての人の悲しみと罪を自分のものとするようになるのです。

　祈りは、人類を救おうとする神の御心の高みにまで人を引き上げます。祈りは人を、神と罪深い人間の仲介者である主イエス・キリストと共に立たせます。

　祈りは、心を騒がせるあらゆる嵐が静まるまで、人を祈らせます。

愛する主イエスよ。あなたに感謝します。あなたは神と人との間の仲介者となられました。わたしたちの罪の贖いとなってくださったあなたに感謝します。アーメン。

1月30日

神の賜物

心は清められて、良心のとがめはなくなり、
体は清い水で洗われています。信頼しきって、
真心から神に近づこうではありませんか。
(ヘブライ人への手紙 10・22)

　神の油の注ぎが説教者に与えられるのは、御言葉を学ぶことを通じてではなく、神と共に過ごすことを通じてです。それは祈りへの答えとして天から流れ下ります。神の注ぐ油は、御言葉を起爆剤とします。会衆を罪人にも聖人にもします。子どものように涙を流させ、巨人のように立ち上がらせます。

　この油の注ぎは、会衆の心を開いて寛大なものにします――静かに、しかし泉が木々の葉を開くように力強く。油の注ぎは天才のタレントではありません。それは神の賜物です。長く祈ることを通じて、誉れある注ぎの油を追い求める勇者に与えられる、天の爵位です。

神

よ。わたしは真心を込めてあなたに近づきます。あなたの神的な賜物を受け入れられるように、わたしの心を開いてください。イエスの御名によって。アーメン。

1月31日

2 月

結果をもたらす祈り

「はっきり言っておく。だれでもこの山に向かい、
『立ち上がって、海に飛び込め』と言い、少しも疑わず、
自分の言うとおりになると信じるならば、
そのとおりになる。」
（マルコによる福音書11・23）

　まことの信仰は疑いを含んではなりません。まことの信仰は単なる神の存在と善と力への信仰ではなく、それ以上のものです。信仰と祈りを通じて、神の約束は実現するのです。
　わたしたちにとり何より大事なのは、自分の信仰です。信仰の成長と、成長した信仰がもたらす出来事です。疑うことも恐れることもなしに、願っている事柄を固く信じる信仰です。
　わたしたちは祈りの中でこのような信仰を必要としています。

全能の神よ。わたしにまことの信仰をお与えください。あなたと共にいればすべてが可能だということを信じることができますように。アーメン。

2月1日

確信すること

信仰とは、望んでいる事柄を確信し、
見えない事実を確認することです。
（ヘブライ人への手紙 11・1）

　信仰はわたしたちの神との関係のあり方を決定づけます。わたしたちが神とどう関わるか、救い主である神をどのような方として考えるかを決定づけます。信仰は御言葉の真理を確信することです。それは神の聖なる炎によって強められ、霊感を与えられます。
　信仰の偉大な対象は神です。信仰は御言葉の上に錨を下ろすからです。信仰は目的を持たない魂の行為ではありません。それは神を見つめ、神の約束を信頼することです。信仰は単に何かを信じることではありません。それは神を信じ、神を確信し、御言葉を信頼することです。

　父である神よ。わたしは常にあなたのことを思っていることを望みます。わたしの信仰を増してください。あなたを見つめ、あなたの約束を確信することができますように。
アーメン。

2月2日

評価される生活

この人たちはすべて、
その信仰のゆえに神に認められながらも、
約束されたものを手に入れませんでした。
(ヘブライ人への手紙 11・39)

　今日、献金や寄付や才能のゆえに評価される信者はたくさんいます。しかし、深い信仰と祈りの生活のゆえに評価される信者は多くはありません。昔も今も、わたしたちは、深い信仰を持ち、力強い祈りをささげながら、神に従う人々を必要としています。
　信仰と祈りは、人間を神の目から見て偉大なものとする、最も重要な二つの徳です。この二つが、教会生活と教会活動に霊的な実りをもたらします。わたしたちは何よりも神の前でこうした徳を持ち続けようと心がけなければなりません。

愛する主よ。わたしは人生でよい評価を得たいと望みます。あなたの栄光のために深く信じ、祈る生活を送れるよう、わたしを助け導いてください。アーメン。

2月3日

謙遜

わたしに与えられた恵みによって、あなたがた一人一人に
言います。自分を過大に評価してはなりません。
むしろ、神が各自に分け与えてくださった信仰の度合いに応じて
慎み深く評価すべきです。
（ローマの信徒への手紙 12・3）

　自分に誇るべき長所を持たない人は幸いです。謙遜は、自分は取るに足りない者だという、真に深い感覚を土壌として深まります。あらゆる罪を認め、告白し、あらゆる恵みに信頼して初めて、謙遜は深まります。
　「わたしは罪人の中の罪人です。けれどもイエスはわたしのために死んでくださいました」。これが祈りの土台であり、謙遜の土台です。しかし、実際にこのことが実現したのは主イエス・キリストの血によってです。神は低い所に住まわれます。神はしばしば低い所を、祈る人にとっての至高の場所としてくださいます。

主なる神よ。「わたしは罪人の中の罪人です。けれどもイエスはわたしのために死んでくださいました」。あなたに感謝します。わたしたちが御前にへりくだるとき、あなたはわたしたちを高めてくださいます。アーメン。

2月4日

信仰の二つの敵

だから、自分の確信を捨ててはいけません。
この確信には大きな報いがあります。
（ヘブライ人への手紙 10・35）

　疑いと恐れが、信仰の二つの敵です。時として、この二つが実際に信仰に取って代わることがあります。すると、どれほど祈り続けても、不安で、落ち着きを欠いた祈りになってしまいます。しかし、疑いと恐れに屈してはなりません。
　自分から目をそらさなければなりません。自分の弱さに目を向けるのでなく、神の力にしっかり根ざさなければなりません。日々、単純な信頼をもって信仰を生きれば、恐れは消え去ります。信仰は重荷を神に委ね、結果を心配しなくて済むようになるのです。

　愛する神よ。疑いと恐れがしばしば信仰を脅かします。あなたに感謝します。祈りの中で自分の弱さと疑いと恐れをあなたに委ねるとき、あなたはわたしたちを助けてくださるからです。アーメン。

2月5日

謙遜は祈りに翼を与える

一切高ぶることなく、柔和で、寛容の心を持ちなさい。
愛をもって互いに忍耐し……なさい。
（エフェソの信徒への手紙 4・2-3）

謙遜は自分に目を向けるのでなく、神と人とに目を向けます。神は心の謙遜を重んじられます。祈る人を神に近づけるのは、心の謙遜です。祈りに翼を与えるのも、へりくだった心です。

傲慢と自負と自慢は、祈りの扉を閉ざします。謙遜と柔和をもって神に近づきなさい。自分を大したものだと思ったり、自分の徳やよい業を誇ってはなりません。高価な衣服を身にまとうより、謙遜をまとうほうがよいのです。

父である神よ。あなたは謙遜を重んじられます。謙遜で柔和な心をお与えください。あなたにいっそう近づくことができますように。アーメン。

2月6日

神は恐れを癒やしてくださる

どんなことでも、思い煩うのはやめなさい。
何事につけ、感謝を込めて祈りと願いをささげ、
求めているものを神に打ち明けなさい。
（フィリピの信徒への手紙 4・6）

　聖書には、神が恐れと不安、心配を遠ざけてくださると書かれています。すべてのことは疑いと不信仰と密接に関わっています。聖書の言葉は、あらゆる人間の計らいを超える平安をもたらし、心と思いを静め、平和に保つための処方箋です。

　わたしたちは敵と戦うようにして、不信仰から身を守らなければなりません。信仰を深めなければなりません。信仰は訓練と実践によって深まります。それはさまざまな試練によって深まるのです。

　信仰は御言葉を読み、黙想することによって成長します。何よりも信仰は祈りの雰囲気の中で培われます。

愛する主なる神よ。あなたに感謝します。御言葉ははっきりと確信させてくださるからです。心配することも、恐れることもないと。あなたはすべてを統べ治められます。アーメン。

2月7日

よい司牧者

神に逆らう者は高慢で神を求めず
何事も神を無視してたくらむ。
(詩編 10・4)

　皇帝アウグストゥスが来たとき、ローマは木の町だったが、去るときには大理石の町になっていたと言われます。会衆を、祈らない民から祈りに満ちた民に変えることのできた司牧者は、アウグストゥスよりも偉大な業を行ったと言えます。これこそが司牧者の主な仕事です。
　司牧者の仕事は、神のことを忘れた民を、常に祈り、神を信じ、その御心を行う民に変えることです。司牧者は、単に会衆によい業をさせるために派遣されるのではありません。むしろ、会衆が祈り、神に信頼し、常に神に目を向けるようにするために派遣されるのです。

　全能の神よ。わたしは御国のために偉大な業を行いたいと思います。あなたに感謝します。わたしは小さな種を蒔くだけでよく、水を注いでくださるのはあなただからです。アーメン。

2月8日

信仰によって救われ、支えられる

事実、あなたがたは、恵みにより、
信仰によって救われました。
（エフェソの信徒への手紙 2・8）

　奉仕職とは、神を信じない罪人を、祈り、神を信じる聖人に変えることです。信仰は、議論の余地なく重要です。神は信仰を何よりも重視します。だからわたしたちは救われるために信仰を必要とします。ですから、祈りの大切さを考えるとき、祈りに信仰が同伴しているのを見いだします。
　わたしたちは信仰によって救われ、信仰によって救われ続けます。祈りはわたしたちを信仰生活に導きます。パウロは言います。わたしが、生きているのは、わたしを愛し、わたしのために身をささげられた神の子に対する信仰によるものです。だからパウロは、見ないで、信じることによって歩んだのです。

愛する神よ。あなたに感謝します。わたしもまた、パウロと同じように、生きているのは、わたしを愛し、わたしの罪のために身をささげられた神の子に対する信仰によるものです。アーメン。

2月9日

信仰の同伴者

> 神に近づく者は、神が存在しておられること、また、
> 神は御自分を求める者たちに報いてくださる方である
> ことを、信じていなければならないからです。
> （ヘブライ人への手紙 11・6）

　祈りは絶対的に信仰にかかっています。信仰と結びついていなければ、祈りは何もできません。信仰は祈りを実りあるものとすると共に、祈りに先立ちます。

　祈り始める前にも、信仰は働いています。熱心に神を求める人に神が報いてくださることを、わたしたちは信じなければなりません。

　これが祈りの第一歩となります。信仰が祝福をもたらすわけではありませんが、それは祈りが祝福を願うよう促します。次いで祈りは、理解の段階へと導かれます。神は祝福を与えることができ、また与えようと望んでおられます。信仰は、そのことを、祈る人が信じる助けとなるからです。

2月10日

　主イエスよ。信仰がなければ、わたしたちの祈りは何の実りももたらすことがありません。あなたに感謝します。人は信仰によって祈るようになります。わたしは御名をたたえます。アーメン。

神は報いてくださる

「隠れたことを見ておられる父が、
　あなたに報いてくださる。」
（マタイによる福音書6・4）

　信仰は祈りに対して神に近づく道を開いてくれます。しかし、それ以上のことも行われます。信仰は祈りのあらゆる段階に同伴します。神に願いをささげるとき、信仰は願いをかなえさせてくれます。祈りは信仰を築き上げ、信仰は実りをもたらすのです。
　信仰は祈りを強め、神を待ち望む忍耐を与えます。信仰は、神が報いてくださると信じます。聖書の中でこれ以上に明白で励ましとなる真実はありません。神に仕えることは、それがどれほどささいなことのように思われても、報いをもたらします。信仰は心からこのことを信じます。信仰は心から、この尊い真実はそのとおりであると言うのです。

　父よ。あなたに感謝します。あなたの御名において行ったどれほどささいな奉仕も必ず報いられます。御名に栄光がありますように。アーメン。

2月11日

倦むことがあってはならない

> わたしが望むのは、男は怒らず争わず、
> 清い手を上げてどこででも祈ることです。
> （テモテへの手紙一 2・8）

　決して疑ってはなりません。疑いは信仰の敵であり、祈りが実りをもたらすことを妨げるからです。パウロは祈りが実りをもたらすための条件を示してくれます。
　いかなる問いを発することも避けなければなりません。信仰は疑いをぬぐい去らなければなりません。
　聖書の中には祈りを大いにかき立てる言葉があります。主は祈りについての教えを、天からの約束をもって締めくくります。主キリストが天におられ、御自分の聖なる人々のためにそこで準備を整えていてくださいます。このことに助けられて、わたしたちは倦むことなく祈れるのです。

　主よ。わたしの人生から疑いや恐れを消し去ってください。それらは祈りを妨げ、信仰を脅かすものだからです。イエスの御名によって祈ります。アーメン。

2月12日

旅人の精神

主に望みをおく人は新たな力を得
鷲のように翼を張って上る。
走っても弱ることなく、歩いても疲れない。
(イザヤ書 40・31)

　主は再び来て、御自分の聖なる人々を受け入れてください
ます。このことは、地上で労苦するわたしたちを励まし、慰
めてくれます。わたしたちは、神がわたしたちのために天に
場所を準備してくださるのを知っています。このことは、祈
るわたしたちの希望となります。それはわたしたちの涙をぬ
ぐい、人生の苦しみを天上の甘い香りに変えてくれます。
　旅人の精神は、祈りを助けます。地上のことに捕らわれ、
地上のことに満足した人は、祈ることができません。このよ
うな人の内では、霊的な望みの炎は消えます。信仰の翼は切
り取られ、信仰の目はかすみ、その舌は閉じられます。しか
し、絶えず主を待ち望む人は、新たな力を得るのです。

神よ。わたしはあなたに望みを置きます。あなただけが人
生の苦しみを和らげ、わたしの悲しみを笑いに変えてくださる
からです。わたしはあなたを待ち望みます。わたしに新たな力
をお与えください。アーメン。

2月13日

謙虚さ

尊敬をもって互いに相手を優れた者と思いなさい。
（ローマの信徒への手紙 12・10）

　謙遜とは、自慢しないことです。謙遜な人は、人々の目から自分を引き離します。有名になろうとも、目立とうともしません。人の目を気にしないばかりか、自分自身の目さえ気にしません。謙遜な人の特徴は、謙虚さです。
　謙遜な人には、高慢さもうぬぼれもありません。謙遜な人は自慢しません。むしろ進んで人を称賛します。進んで下座に座り、目立たない場所にいることを好みます。謙遜とは、柔和な振る舞い、素直で優しい心です。

愛する父である神よ。わたしが救われるのは、あなたの恵みのみによることを、わたしは知っています。素直で謙遜な心をお与えください。アーメン。

2月14日

謙遜 ― キリスト者への恵み

一切高ぶることなく、柔和で、寛容の心を持ちなさい。
愛をもって互いに忍耐し……なさい。
（エフェソの信徒への手紙 4・2-3）

　謙遜は、天上での裁きで代価として支払われるキリスト者の恵みであり、祈りが実りをもたらすために必要なものです。謙遜だけが人を神に近づけます。謙遜の姿を余すところなく示すのは、主イエス・キリストです。わたしたちはへりくだって祈りをささげなければなりません。そうして初めて祈りは高く上げられます。
　主の教えの中で、謙遜は何よりも強調されており、またそれは主御自身の特徴でもあります。ですから、祈りに関する主の教えから謙遜をないがしろにすべきではありません。そんなことをすれば、神御自身のあり方を無視することになるからです。

愛する主イエスよ。わたしは日々、あなたと同じような者になりたいと望みます。謙遜の恵みをお与えください。すべての人がわたしの内にあなたを見ることができますように。アーメン。

2月15日

ファリサイ派の人の祈り

「言っておくが、義とされて家に帰ったのは、
この人であって、あのファリサイ派の人ではない。
だれでも高ぶる者は低くされ、へりくだる者は高められる。」
(ルカによる福音書 18・14)

　ファリサイ派の人と徴税人のたとえは、たいへん特徴的なたとえです。ファリサイ派の人はいつも祈っていたように思われます。彼が祈り方を知っていたのは当然のことです。彼は日々の仕事を差し置いて、しっかりとした足取りで祈りの場に向かいました。彼は祈りの姿勢も場所もよく選んでいました。
　しかし、どれほど訓練や習慣によって学んでも、このような宗教家の祈りが真の祈りになるわけではありません。彼が言葉を唱えても、それが祈りの言葉になるわけではありません。神殿の祭りがそれ自体として祈りとなるわけではないのです。

　父よ。わたしの祈りがファリサイ派の人の祈りのようになりませんように。正直でへりくだった心であなたの玉座に近づかせてください。アーメン。

2月16日

徴税人の祈り

「ところが、徴税人は遠くに立って、
目を天に上げようともせず、胸を打ちながら言った。
『神様、罪人のわたしを憐れんでください。』」
（ルカによる福音書 18・13）

　徴税人は、自分の不正な行いと罪深さを悔い、神の前にへりくだってひれ伏して、憐れみを乞い願います。自分が罪深く、ふさわしくない者だという意識によって、彼は心から深くへりくだります。これが、高慢な祈りとは反対の、謙遜な祈りの姿です。
　わたしたちは徴税人の祈りの内に、うぬぼれとは無縁の、へりくだった祈りの姿を見いだします。へりくだった心で、取るに足りない自分を責めながら神の前で祈る人を、神はたたえるのです。

主よ。わたしはうぬぼれて意味のない祈りをささげることを望みません。徴税人と共に祈ります。「神様、罪人のわたしを憐れんでください」。アーメン。

2月17日

謙遜は人に知られないことを好む

それで、自分を頼りにすることなく、死者を復活させてくださる神を頼りにするようになりました。神は、これほど大きな死の危険からわたしたちを救ってくださったし、また救ってくださることでしょう。これからも救ってくださるにちがいないと、わたしたちは神に希望をかけています。

(コリントの信徒への手紙二 1・9-10)

　謙遜は真の祈りにとって不可欠なものです。太陽の内に光があるように、祈りの内には謙遜がなければなりません。
　謙遜は、神とその聖性を見、次いで、聖性とはほど遠い自らの姿を見ることから生まれます。謙遜は、人に知られないことと、沈黙を好みます。他人の徳を褒め、他人の過ちと罪を寛大に赦します。イエス・キリストの十字架とへりくだりのすばらしさを知り、あがめます。
　人はへりくだった心で神の玉座に近づくことにより、神の全能を知って慰められます。謙遜は、神が聖なる方であるように、自分が聖なる者となることを目指します。

2月18日

　愛する神よ。わたしに謙遜をお与えください。謙遜は、あなたを仰ぎ見、自分の罪を認めることから生まれます。あなたのすばらしい恵みに感謝します。アーメン。

高慢

「かの日には、大勢の者がわたしに、『主よ、主よ、わたしたちは御名によって預言し、御名によって悪霊を追い出し、御名によって奇跡をいろいろ行ったではありませんか』と言うであろう。そのとき、わたしはきっぱりとこう言おう。『あなたたちのことは全然知らない。不法を働く者ども、わたしから離れ去れ。』」

（マタイによる福音書7・22-23）

　謙遜は、キリスト教的な信仰の特徴の初めと終わりであり、キリスト教的な祈りの初めと終わりでもあります。謙遜がないところにキリストはおられません。
　謙遜はわたしたちにとって恵みであると共に命令でもあります。謙遜は変わることのない祈りの姿です。高慢はわたしたちの祈りに害毒を与え続けます。高慢は、どれほど美しい言葉で祈ったとしても、祈りをだめにします。
　謙遜を欠き、うぬぼれていたがために、キリストの時代の宗教家は神に受け入れられることがありませんでした。同じことは現代のわたしたちにも言えるのです。

愛する父よ。高慢とうぬぼれがわたしをあなたから引き離すことを、わたしは知っています。わたしの心を清め、わたしを謙遜な者にしてください。アーメン。

2月19日

祈りに専念する

> わたしたちは、祈りと御言葉の奉仕に
> 専念することにします。
> （使徒言行録6・4）

　使徒たちは祈りの奉仕の必要性と意味を知っていました。彼らは、自分たちの使命のゆえに、それほど祈らなくてもよいどころか、いっそう祈りに専念しなければならないことを知っていました。
　使徒たちは、祈り以外の大切な仕事のせいで時間がなくなり、なすべき祈りをささげられなくなることを懸念しました。そのため彼らは、自分たちから祈りの時間を奪う仕事をするための信徒を任命しました。
　第一にしなければならないのは祈りです。使徒たちは祈りに専念し、熱意と忍耐と時間を祈りにささげたのです。

神よ。わたしはあなたにひれ伏して祈ります。熱心に、忍耐強く、時間をかけて祈りながら。アーメン。

2月20日

使徒の祈り

夜も昼も切に祈っています。
（テサロニケの信徒への手紙一 3・10）

　新約の説教者の特徴は、神の民のために祈っていることです。彼らは祈りによって神の力を教会にもたらしました。
　説教者が、民のために執り成すことをキリストの学び舎で学ばないなら、説教の仕方を学ぶこともできません。どれほど説教の準備や話し方に秀でていても、使徒たちのように祈らないなら、使徒たちのように語ることはできません。
　使徒の祈りは、人を使徒のような聖人とし、教会の中に使徒の時代の清さと力を保たせ続けます。

愛する主なる神よ。わたしは使徒たちのように夜も昼も祈りたいと望みます。わたしを助けてください。アーメン。

2月21日

霊的な力

わたしたちは尊くすばらしい約束を与えられています。
（ペトロの手紙二 1・4）

　神の約束がなければ、祈りは土台を持たず、異常なものとなります。また祈りは、神の約束を価値あるものとし、実現します。
　祈りはその霊的な力によって、神の約束に道を開き、実現します。
　神の約束はすべてのものに及びます。それは人生と霊的な生活、時間と永遠に関わります。
　神の約束はこの世を祝福し、来世に続きます。神の約束は、神の光り輝く実りです。そしてこの実りを引き出すのは祈りです。

　父よ。あなたの約束を待ち望んで祈ります。あなたの恵みを引き出すことができますように。アーメン。

2月22日

祈りに力を与える謙遜

主よ、わたしの心は驕っていません。
わたしの目は高くを見ていません。
大き過ぎることを
わたしの及ばぬ驚くべきことを、追い求めません。

(詩編 131・2)

　謙遜は祈りの生活そのものの支えです。高慢や虚栄が人を祈らせることはありません。謙遜は祈りに力を与える、積極的で実体のある力です。謙遜がなければ、祈りは力を失います。

　謙遜は、へりくだりと、自分の価値のなさを認めることから生まれます。謙遜を身にまとうことは、祈りを身にまとうことと同じです。

　謙遜によって、わたしたちはへりくだり、自分が罪人であることを感じ、またそう宣言します。実際、わたしたちは罪人だからです。ひざまずくことは祈りにふさわしい姿勢です。謙遜を示すことになるからです。

全能の神よ。わたしは自分が罪人であることを告白します。わたしの罪を赦し、謙遜な祈りの衣をまとわせてください。アーメン。

2月23日

祈りの約束

希望をもって喜び、苦難を耐え忍び、たゆまず祈りなさい。
(ローマの信徒への手紙 12・12)

　祈りと神の約束は互いに結びついています。約束は祈りを促し、力づけます。一方、祈りは約束を見いだし、実現します。
　約束は恵みの雨のようなものです。これに対して、祈りは、雨樋いのように、約束を指し示します。こうして約束は一人一人に直接向けられ、祝福と命と実りをもたらします。
　祈りは約束を信じ、約束を実現へと導きます。障害を取り除き、約束が栄光の内に実現されるための道となるのです。

　愛する主なる神よ。あなたに感謝します。熱心に祈ることにより、あなたの約束は恵みと命となって実現するからです。あなたの御名をたたえます。アーメン。

2月24日

エリヤ

「行って、アハブの前に姿を現せ。
わたしはこの地の面に雨を降らせる。」
(列王記上 18・1)

エリヤは力強い信仰とひるむことのない勇気を示しました。カルメル山での出来事は成功のうちに終わりましたが、雨は降りませんでした。神が約束した唯一のことは与えられなかったのです。

エリヤは最終的な勝利を目指して、イスラエルから神へと、バアルから助け主へと目を向けました。しかし、約束は七度目にようやく実現します。

エリヤの倦むことのない祈りは、神の約束を実現し、雨を降らせたのです。

全能の神よ。エリヤのように、倦むことなく祈れるよう、わたしを助けてください。あなたの栄光ある約束が実現しますように。アーメン。

2月25日

委託の祈り

得られないのは、願い求めないからで……す。
(ヤコブの手紙 4・2-3)

　わたしたちの祈りは、神の約束を実現するには、あまりにささやかで無力です。大きな目的を実現するには、大きな祈りが必要です。神が御自分の民になさった約束は、どれほど大きく、気高いことでしょうか。
　祈りは神の御旨と約束に基づきます。祈りは神に委ねることです。祈りは決して神に不忠実なものであってはなりません。祈る人は苦難の時に叫びますが、その叫びが神の栄光によって報いられないことはありません。

　父よ。わたしの祈りがあなたの御旨と約束に基づくものでありますように。わたしをお導きください。アーメン。

2月26日

神の御旨に従う

神の栄光の力に従い、あらゆる力によって強められ、
どんなことも根気強く耐え忍ぶように。
（コロサイの信徒への手紙 1・11）

　祈りは、神の御旨に従うことであり、御言葉の約束と、聖霊の助けに基づきます。
　御言葉が祈りの土台であること以上に確かなことはありません。わたしたちは御言葉を信じるのと同じように、祈ります。
　祈りは特にキリスト・イエスの内に示された神の約束に基づきます。これ以外に祈りの土台はありません。わたしたちの感情や功績や業ではなく、神の約束こそが、信仰の土台であり、祈りの堅固な基盤なのです。

愛する神よ。わたしは、あなたがキリスト・イエスの内に示された約束の内に祈りの基盤を置きます。あなたの御言葉こそがわたしの土台です。あなたの聖なる御名をたたえます。アーメン。

2月27日

祈りの鎖につながれる

「だから、言っておく。祈り求めるものは
すべて既に得られたと信じなさい。
そうすれば、そのとおりになる。」
（マルコによる福音書 11・24）

　神の約束はわたしたちの祈りにかかっています。神の約束はわたしたちの内に植えつけられ、わたしたちのものとされ、祈りによって信仰の手でつかみ取られます。祈りは神の約束を実現し、役立てます。祈りは約束を今の具体的な必要に役立てるのです。

　約束は、雨のように、すべての人のためのものです。祈りはそれを一人一人のためのものとして具体化します。約束は、電気のように輝きを放ちますが、この生き生きとした、命を与える川が、祈りによってつなぎとめられ、力あるものとされないかぎり、役立たないのです。

　父である神よ。あなたに感謝します。わたしたちの祈りがあなたの約束を実現し、今ここで役立てるからです。わたしたちがしなければならないのは、あなたの全能の御名を信じることだけです。アーメン。

2月28日

祈りへの答え

「求めなさい。そうすれば、与えられる。
探しなさい。そうすれば、見つかる。
門をたたきなさい。そうすれば、開かれる。」
（マタイによる福音書7・7）

　祈りへの答えは、祈りを、乾いて死んだものから、命と力に満ちたものにします。祈りへの答えは、物事を先に進め、すべてのことを神の御旨に従って秩序づけます。
　祈りへの答えは、祈りを現実のものとします。祈りへの答えは、祈りを神と人に対する力とします。それは祈りを真に聖なるものとするのです。

愛する主よ。わたしたちの祈りに答えてくださったあなたに感謝します。わたしたちにできるのは、願い、信じることだけです。あなたはよい時に答えてくださいます。アーメン。

2月29日

3 月

信頼することのすばらしさ

「心を騒がせるな。神を信じなさい。
そして、わたしをも信じなさい。」
（ヨハネによる福音書 14・1）

　祈りは他と切り離された行為ではありません。それは他の
キリスト者としての務めと共に行われます。祈りは信仰としっ
かり結ばれています。信仰は祈りに色合いと調子を与え、
祈りの実りを確かなものとします。
　信仰を完成するのが信頼です。信頼はわたしたちが自覚的
に行う行為です。信頼は魂の感覚です。信頼するとは、霊的
に見、聞き、味わうことです。
　これらすべてのことが信頼と関わらなければなりません。
このような信頼は、なんと輝かしく、自覚的に行われ、力強
く、聖書に根ざしたものでしょうか。

愛する神よ。わたしは一日中、あなたに信頼します。
アーメン。

3月1日

燃え立たせられた祈り

目を覚まして感謝を込め、ひたすら祈りなさい。
(コロサイの信徒への手紙 4・2)

　聖霊は、わたしたちが祈りの生活を送るのを助けるために、約束どおり慰め主として来てくださいました。聖霊の到来は、ささいな祈りのあり方に限定されたものではありません。聖霊がもたらすのは、消すことのできない望みによって燃え立たせられた祈りです。

　このようにして聖霊によって燃え立たせられた祈りには次のものが伴わなければなりません。祈りがどうしても必要だという感覚、そして、神がわたしたちのために約束しておられる終わりの日の祝福が与えられるまで祈り続けるという決意です。

愛する父よ。あなたに感謝します。あなたは聖霊を送って、わたしたちを慰め、祈りの生活を導いてくださるからです。アーメン。

3月2日

たゆまずに祈りながら待つこと

「婦人よ、あなたの信仰は立派だ。あなたの願いどおりに
　なるように。」そのとき、娘の病気はいやされた。
（マタイによる福音書 15・28）

　信頼は、この世の歴史と出来事に永遠なるものをもたらします。信頼は、それを目で見、受け入れ、つかみます。信頼はそのことの証人です。しかしながら、信仰が弱く、神の恵みが速やかに与えられないこともしばしばあります。信仰は愛に満ちた従順をもって待たなければなりません。信仰が力を増して、経験と時間の次元に永遠なるものをもたらすことができるようになるためです。

　それまでの間、信頼は決定的に重要な要素となります。信仰が力を増そうと努めるとき、信頼も強められます。神に信頼するなら、神がわたしたちのためにしてくださったすべての善い業にいっそう気づくようになるからです。

　祈りながら待つことによって、信仰は深まり、神の賜物となります。たゆまずに神にささげる願いを絶えず伴うようになるのです。

全能の神よ。わたしは知っています。あなたに信頼するなら、あなたが願いをかなえてくださることを。主よ、あなたに感謝します。アーメン。

信頼のまなざし

聖書にも、「主を信じる者は、だれも失望することがない」
と書いてあります。
（ローマの信徒への手紙 10・11）

　人が一人で祈るとき、信頼はいっそう深まります。心から神と共に静かな時を持つなら、信頼はますます深まるのです。神のまなざしと存在は、信頼に生き生きとした命を与えます。それは、太陽のまなざしと存在が、果実と花を成長させるのと同じです。
　主への信頼と信仰は、祈りの基盤です。この信頼は、初めは、御言葉への信頼というよりも、神御自身への信頼です。神御自身への信頼が、御言葉への信頼に先立つからです。
　信頼のまなざしの中心にあるのは、イエス・キリスト御自身です。

愛する神よ。わたしは生涯、あなたのみを信頼します。御前に近づくとき、あなたに信頼する心を強めてください。アーメン。

3月4日

疑いのない信仰

使徒たちが、「わたしどもの信仰を増してください」
と言った……。
（ルカによる福音書 17・5）

　わたしたちは疑いなしに信じているでしょうか。わたしたちは祈るとき、いつか先のことではなしに、今ここで、願うものを与えられると信じているでしょうか。このように信じるのはたやすいことではありません。疑いなしに信じる力は、多くの失敗や信仰の試練を経て、初めて得られるものです。
　主は、信頼こそが祈りの基盤だということを示します。祈りの背景となるのは信頼です。キリストが地上で行った業の目的全体は、御父への絶対的な信頼にかかっていました。信頼の中心にあるのは神です。
　祈るための多くの困難や妨げはみな、信頼と、信頼につき従う強力な従者である信仰によって取り去られます。

　父である神よ。あなたに感謝します。あなたに信頼し、あなたを信じさえすれば、あなたは山をも動かされるからです。あなたの聖なる御名をたたえます。アーメン。

3月5日

手を差し伸べる

「あなたがたの信じているとおりになるように」
と言われると、二人は目が見えるようになった。
（マタイによる福音書 9・29-30）

　信頼が完全で、疑いを含まないとき、祈りは、恵みを受け入れようとして、ひたすら手を差し伸べます。完全な信頼こそが、完全な祈りです。信頼は、願い求めるものに目を向け、それを受け入れます。信頼とは、単に、神には祝福する力がある、あるいは神がいつか祝福してくださると信じることではありません。むしろ、神は今ここで祝福してくださると信じることなのです。
　信頼は常に現在形で行われます。希望は未来に目を向けます。信頼は現在に目を向けるのです。希望は期待し、信頼は所有します。信頼は、祈り求めるものを受け取ります。ですから、祈りが常に必要とするのは、豊かな信頼です。

　愛する主よ。わたしの祈りは今なお豊かな信頼を必要とします。あなたの御手からすべての祝福を受けるためです。信頼するわたしを今日もお導きください。アーメン。

3月6日

信頼の単純さ

御言葉はあなたの近くにあり、
あなたの口、あなたの心にある。
（ローマの信徒への手紙 10・8）

　人々が主に近づいたとき、主は彼らの信頼を御自身とその聖なる使命のうちに受け入れました。主は信頼とは何かを示しませんでした。主は知っておられたのです。信仰がいかなるものであるかは、信仰が何を行うかを見れば分かるということを。人は、信仰が主の御前で自然に果たすようになることから、信仰とは何かを知るのです。
　信頼は、主の御業と力と存在から生まれます。信頼はあまりに単純なものなので、言葉でそれが何かを言うことができません。あまりに真実で自然なので、神学的な用語で言い表せません。人は信頼のあまりの単純さに驚かされるのです。

　愛する父である神よ。信頼があなたの御前で成長することをわたしは知っています。あなたに感謝します。わたしは、信仰とは何かを、信仰が何をできるかによって知ることができるからです。アーメン。

聖なる目的

〔コルネリウスは〕信仰心あつく、一家そろって神を畏れ、
民に多くの施しをし、絶えず神に祈っていた。
(使徒言行録 10・2)

　信心は信仰生活にとって重要な意味を持っています。信心の本来の意味は、「聖なる目的のためにささげる」ということです。
　それゆえ、信心は、真の意味で、礼拝と関わります。信心は真の祈りと深く結ばれています。信心は神に完全に自分をささげる人に固有の心のあり方です。
　信心とは、畏敬の心であり、聖なる畏れです。それは神の前で祈り、礼拝する心の状態です。
　信心は軽薄な精神とは無縁であり、議論や不平を言うことの反対です。
　信心は静けさのうちに住むこと、神の前で静けさを保つことです。それは思慮深く、真剣で、心を深く顧みることです。

　全能の神よ。わたしは今日、あなたの聖なる目的のために自分をささげます。わたしは静かな心であなたに近づきます。どうか今日、わたしにお話しください。アーメン。

3月8日

神に選ばれた者

アナニアという人がいました。
律法に従って生活する信仰深い人で、そこに住んでいる
すべてのユダヤ人の中で評判の良い人でした。
(使徒言行録 22・12)

信心は、真の礼拝と、祈りの心の一部をなすものです。
信心は、理性と感情を神にささげた人に属します。このような人は信仰生活に心をささげ、神を深く愛し、神の家に住むことに何よりもあこがれます。
神は自分をささげた人々を不思議な仕方で用いることができます。このような人々は神の計画を実現するために選ばれた者だからです。

愛する神よ。わたしは自分の感情と理性をあなたにささげます。わたしはあなたの目的のために自分のすべてをささげます。あなたに選ばれた者として、わたしは御計画を実現します。アーメン。

3月9日

人生のささやかな事柄

どんなことでも、思い煩うのはやめなさい。
何事につけ、感謝を込めて祈りと願いをささげ、
求めているものを神に打ち明けなさい。
（フィリピの信徒への手紙4・6）

祈りの力は、地上の事柄を果たすことの内に見いだされます。祈りは、肉体も精神も含めた、人間に関わるすべてのことに及びます。

祈りは、食べ物や衣類といった、肉体が必要とするものに関わります。ビジネスや金融にも関わります。実際、祈りは、この世に属するすべての事柄にも、霊魂の永遠の望みに関わる事柄にも関わるのです。

祈りの働きは、大きな事柄だけでなく、ささやかな事柄の内にも見いだされます。

愛する主よ。あなたに感謝します。あなたは地上の重要なことに手を差し伸べるだけでなく、人生のささやかな事柄の内にもおられるからです。アーメン。

3月10日

健康と幸福

あなたの魂が恵まれているように、
　あなたがすべての面で恵まれ、
　健康であるようにと祈っています。
　　　　　（ヨハネの手紙三 2）

　地上の事柄は霊的な事柄の下に位置づけられますが、わたしたちはこれらと無関係ではいられません。わたしたちの関心と心配はそこから生まれます。それはわたしたちの信仰生活とも大いに関わります。わたしたちには、肉体の欲求も、苦痛も、不自由も、限界もあります。肉体に関わることは、精神にも必ず関わります。わたしたちはこれらのことも祈ります。

　地上の事柄は健康と幸福にも大きな影響を及ぼします。それはわたしたちと他のものごととの関係を形づくります。地上の事柄のために祈らなければ、人生の広大な領域から神を締め出すことになるのです。

　父である神よ。わたしはあなたを人生のあらゆる領域で見いだしたいと望みます。あなたに感謝します。あなたはわたしたちの地上での欲求や苦痛にも目を留めてくださるからです。アーメン。

3月11日

地上の事柄

「わたしたちに必要な糧を今日与えてください。」
（マタイによる福音書6・11）

　仕事や時間を祈りから締め出すのは、信仰生活と永遠なるものを祈りから締め出すのと同じです。地上の事柄のために祈らない人は、霊的な事柄を確信をもって祈ることもできないのです。

　日ごとの糧を得るための労苦の中で神に祈らない人は、天にあるものを求めるときにも神に祈ることがありません。肉体が必要とするもののために祈らない人は、霊魂が必要とするもののためにも祈りません。

　肉体も霊魂も神に依存しています。祈りとは、神に依存しているわたしたちが上げる叫び声にほかならないのです。

　全能の神よ。わたしの体と魂はあなたを渇き求めます。あなたの御名をたたえます。地上で必要とするものも、霊的に必要とするものも、あなたは与えてくださるからです。
アーメン。

3月12日

神はわたしたちを心にかけてくださる

> 思い煩いは、何もかも神にお任せしなさい。神が、
> あなたがたのことを心にかけていてくださるからです。
> （ペトロの手紙一 5・7）

　わたしたちは祈りによってすべての思い煩いを神に委ねることができます。祈りながら疑いを抱くなら、不必要に心を騒がせることになります。
　祈りは自分を思い煩いから解放するための手段です。わたしたちはこのことをひたすら信じなければなりません。神はわたしたちを心にかけてくださいます。祈りながら、この神にわたしたちのすべての思い煩いを委ねることを学ばなければなりません。そうすれば、わたしたちは多くの必要のない思い煩いから解放されます。
　神はわたしたちの健康と慰めに関わる最もささいな事柄をも心にかけてくださいます。このことを信じないなら、イスラエルの聖なる方をおとしめることになり、自分の生活においても真の幸福を得られません。

愛する神よ。わたしは今日、すべての不安をあなたに委ねます。あなたは人生の最もささやかな事柄をも心にかけてくださるからです。わたしを愛してくださるあなたに感謝します。アーメン。

3月13日

神から離れた心

「この民は、口でわたしに近づき
唇でわたしを敬うが
心はわたしから遠く離れている。」
（イザヤ書 29・13）

　信心は心を祈りに向かわせます。心が神から離れていながら、口で祈るのは容易ではありません。祈りの本質は信心です。

　信心がなければ、祈りはむなしく、空疎な言葉にすぎないものとなります。残念ながら、現代の教会を支配するのはこのような祈りです。現代は活動的で忙しい時代です。この心の慌ただしさが神の教会に入り込んでいます。それは多くの形で現れます。

　真の礼拝は、心と信心を一致させます。

　主よ。わたしはあなたに祈るとき、自分のすべてを用いたいと望みます。わたしに敬虔な心をお与えください。そうすれば、あなたを真に礼拝することができるからです。アーメン。

3月14日

機械的な信仰生活

では、どうしたらよいのでしょうか。
霊で祈り、理性でも祈ることにしましょう。
霊で賛美し、理性でも賛美することにしましょう。
（コリントの信徒への手紙一 14・15）

教会は、機械のような秩序と正確さと力を持った信仰生活として活動しています。しかしながら、教会が心を欠いた機械のように活動することもしばしばです。わたしたちは真心から祈ることもなければ、真の心の喜びをもって歌うこともありません。

聖歌は神への賛美を欠いています。惰性で教会に行き、終わりの祝福が唱えられると喜んで帰宅します。機械的に祈りを唱え、うわの空で「アーメン」と言うのです。

神と神の教会に心のすべてをささげ、機械にキリストの霊感を与えていただかなければなりません。

神よ。わたしは心を欠いた機械のようにあなたのために働きたいとは望みません。わたしの心に霊感を与え、すべてをあなたの栄光のために行わせてください。アーメン。

3月15日

心のすべて

あなたがたはこの世に倣ってはなりません。むしろ、心を新たにして自分を変えていただき、何が神の御心であるか、何が善いことで、神に喜ばれ、また完全なことであるかをわきまえるようになりなさい。
（ローマの信徒への手紙 12・2）

　信仰生活はすべてのものに関わります。ただし、わたしたちの心がそこにない場合には、そうではありません。信仰生活はわたしたちの手足、声も用います。それは金銭に及び、身体の姿勢にさえ影響を及ぼします。信仰生活がわたしたちの感情や欲求を制限することはありません。それはわたしたちが神を礼拝するよう促します。

　時として教会の一員であることが、心を伴わない、うわべだけの行動となることがありえます。すると、たとえ自分では立派な信仰生活を送っているつもりでも、外的な振る舞いに反して行動は冷たいままにとどまります。単に見せかけだけでなく、心のすべてを今日、信仰生活にささげなければなりません。

3月16日

愛する父よ。わたしたちの心と思いを新たにしてください。わたしの人生に対するあなたの喜ばしく完全な御旨を知ることができますように。アーメン。

ものごとを聖なる仕方で扱う

> 皆さんのうちのある詩人たちも、
> 「我らは神の中に生き、動き、存在する」
> 「我らもその子孫である」と、言っているとおりです。
> （使徒言行録 17・28）

　信仰生活が信心を欠く場合があります。わたしたちは、講演や演説を聞くのと同じ気持ちで、説教に耳を傾けます。劇場や公会堂といった公共施設と同じような場所として、神の家を訪問するのです。
　神の司牧者を、神に召し出された聖なる人ではなく、単なる弁論家のように見なすのです。聖なるものごとを地上的なものごとのように扱うのです。
　真の信心の精神は、このような態度を根底から変えてくれます。

　全能の神よ。わたしの心を御声に向けて開き、地上でなされるあなたの聖なる御業に対する信心に満ちた心をお与えください。アーメン。

3月17日

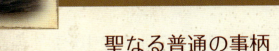

聖なる普通の事柄

だから、あなたがたは食べるにしろ飲むにしろ、
何をするにしても、すべて神の栄光を現すためにしなさい。
（コリントの信徒への手紙一 10・31）

　わたしたちが信心の精神を必要とするのは、地上での活動において塩となるためばかりでなく、自分の祈りを真の祈りとするためです。わたしたちは信心の精神を平日の仕事にも日曜の礼拝にも注がなければなりません。
　わたしたちが信心の精神を必要とするのは、常に神が共にいてくださることを思い巡らし、すべてのことを神の栄光へと方向づけるためです。
　信心の精神は、わたしたちの祈りや教会での礼拝の中だけでなく、生活のあらゆる側面に神をもたらします。信心の精神は、地上の普通の事柄を聖なるものとし、ささやかなものを偉大なものとするのです。

愛する主よ。わたしはすべてのことをあなたの栄光のために行いたいと望みます。真の祈りをささげるために、わたしは信心の精神を必要としています。わたしを導いてください。アーメン。

3月18日

土曜日の安息

> 信仰もこれと同じです。行いが伴わないなら、
> 信仰はそれだけでは死んだものです。
> （ヤコブの手紙 2・17）

　すべてのことを神の栄光のために行うのが、信心の精神です。わたしたちはこの精神をもって平日の仕事に赴きます。同じ精神に導かれて、わたしたちは日曜日の礼拝に赴きます。信心の精神は土曜日を安息とし、商店や職場を神の神殿に変えます。

　信心の精神によって、信仰生活はうわべだけのものでなくなり、魂の中にもたらされます。魂の中の信心によって、信仰生活は単なる業であることをやめ、力と光にあふれた命の鼓動となります。

愛する主なる神よ。わたしは信心の精神によって、あなたの御名に栄光を帰すことができます。あなたのために力強く脈打つ心をお与えください。アーメン。

3月19日

信仰生活の香り

愛する者たち、わたしたちは、今既に神の子ですが、
自分がどのようになるかは、まだ示されていません。
しかし、御子が現れるとき、
御子に似た者となるということを知っています。
なぜなら、そのとき御子をありのままに見るからです。
（ヨハネの手紙一 3・2）

　信心の精神は、単なる信仰生活の香りではありません。それは信仰生活がそこから成長する、根と茎です。信心の精神は、怠惰を退け、礼拝を真剣なものとします。こうして礼拝は、体と魂と心を天からの恵みで満たすのです。

　正直に自らに問わなければなりません。このような天のいと高きところの天使、聖なる信心の精神、地上における光輝く天使が、自分から離れ去ってはいないでしょうか。信心の天使がいなくなれば、祈りの天使は翼を失い、醜い姿となります。信仰生活の根と茎を枯らしてはなりません。日々、信心の精神に水を注がなければなりません。

神よ。聖なる信心の精神がわたしの生活に戻ってきてくれますように。そうすれば、わたしは新たな霊的熱意をもってあなたを礼拝できるのです。アーメン。

3月20日

信心は祈りに影響を及ぼす

> 息あるものはこぞって　主を賛美せよ。
> ハレルヤ。
> （詩編 150・6）

　祈りは信心の精神を促しますが、信心も祈りが実りをもたらすための重要な要素です。信心の精神があるなら、容易に祈ることができます。神は、信心の精神があるところに住まわれます。実際、恵みが増し加わるのは、信心の精神があるところ以外にはありません。

　信心の精神がないということは、新たな心に恵みが生まれることがないということです。礼拝は、信心の精神とよく合致します。祈りは信心に役立ちます。同時に、信心も祈りに影響を及ぼし、わたしたちの祈りを助けるのです。

愛する父よ。信心の精神のあるところに、あなたもおられます。主よ、感謝します。アーメン。

3月21日

熱心な信心

彼らは、昼も夜も絶え間なく言い続けた。
「聖なるかな、聖なるかな、聖なるかな、
　全能者である神、主、
かつておられ、今おられ、やがて来られる方。」
（ヨハネの黙示録4・8）

　熱心な信心は、祈りの内にあります。信心の精神は神の子らの心を満たし、その礼拝を特徴づけます。神の子らの喜びに満ちた信心の霊感の源泉と中心は、神の聖性です。神の聖性は、神の子らの注意を引きつけ、その信心を燃え立たせます。

　神の子らとその聖なる礼拝の内には、冷たさも退屈も死もありません。あるのはただ、熱心さです。その名に恥じない祈りの奉仕職とは、熱心さの奉仕職です。神とその聖性に深くあこがれる奉仕職です。

　父である神よ。わたしは、御前にいて、熱意と信心の霊をもってあなたをたたえたいと望みます。アーメン。

3月22日

祈りは炎とならなければならない

わたしはまた、新しい天と新しい地を見た。最初の天と最初の地は去って行きもはや海もなくなった。……そのとき、わたしは玉座から語りかける大きな声を聞いた。「見よ、神の幕屋が人の間にあって、神が人と共に住み、人は神の民となる。神は自ら人と共にいて、その神となり……」

(ヨハネの黙示録 21・1-3)

　天において信心のない被造物は存在しません。神がそこにおられます。そして神がおられること自体が、畏敬の念を呼び起こします。死後、天に入りたいなら、そこに行く前にまず地上で信心の精神を学ばなければなりません。
　天上の被造物は、真の祈りの完全な模範です。祈りは炎とならなければなりません。熱意のない祈りは、光と熱を持たない太陽のようなものです。神に向かって燃え立つ者のみが真に祈るのです。

全能の神よ。わたしの魂をあなたへの炎で燃え立たせてください。世界全体に向けてわたしが輝きを放つことができますように。アーメン。

3月23日

信心を欠いた行い

> わたしの神は、御自分の栄光の富に応じて、
> キリスト・イエスによって、あなたがたに
> 必要なものをすべて満たしてくださいます。
> （フィリピの信徒への手紙 4・19）

　仕事をすることが熱心さではありません。動き回ることが信心ではありません。活動は霊的な無力さのひそかな症状です。真の信心をもって礼拝する代わりに活動するなら、それは霊的生活にとって有害です。

　子どもは父親よりも活発です。父親はその心と肩で規則や重荷を担っているからです。熱狂的な態度は信仰よりも活動的です。しかし、熱狂的な態度は、信仰が命じる全能の力を働かすことができません。

　霊的生活が本物なら、落ち着いた活動がそこから湧き上がります。こうした活動は無力さからではなく力強さから生まれるのです。

父よ。わたしは自分の活動が信心と熱意を欠くものとなるのを望みません。わたしは自分の霊的生活が本物になることを望みます。わたしの活動があなたをたたえるものとなりますように。アーメン。

3月24日

聖なる生活のもたらす花と実り

主イエスは、御自分の持つ神の力によって、命と信心とにかかわるすべてのものを、わたしたちに与えてくださいました。それは、わたしたちを御自身の栄光と力ある業とで召し出してくださった方を認識させることによるのです。

（ペトロの手紙二 1・3）

　信仰生活は地上でその実りを示さなければなりません。善行を通して、聖なる生活は花と実りをもたらさなければなりません。そうならないことはありえません。ところで、目に見える成長は、目に見えない命と隠れた根の力強い成長に基づいたものでなければなりません。

　信仰生活の根は、刷新された本性に深く根ざさなければなりませんが、その際、目に見えない、地面の下での成長も行われなければなりません。そうでなければ、その命はもろく短く、外的な成長も実りをもたらさないからです。

　主よ。わたしは生活の中であなたの霊の実を結ばせたいと望みます。わたしの根を深く成長させてください。アーメン。

3月25日

神の業を行うために忙しすぎること

> 主に望みをおく人は新たな力を得
> 鷲のように翼を張って上る。
> 走っても弱ることなく、歩いても疲れない。
> （イザヤ書 40・31）

　疲れることなく、走ること。これが、すべての活動と力の出発点です。それらはすべて、神を待ち望むことから生まれます。

　熱狂的な態度から生まれる活動もあります。活動が、堅固で有益な要素を犠牲にして、要するに祈りを完全になおざりにして行われることもしばしばあります。神の業を行うのに忙しすぎて、神と語らうことがない。教会活動で忙しすぎて、神の御業について神に語りかける時間をとれない―そういう人には堕落の道が待ち受けています。

　祈りの恵みを培い、深めることがなければ、どれほど活動的であっても、その業は役に立たないのです。

父である神よ。あなたの業を行うために忙しすぎないように、わたしを助けてください。あなたがわたしに何をするようお望みかについて、あなたに尋ねる時間が持てないようなことがありませんように。アーメン。

3月26日

感情を持った生活

「だから、言っておく。祈り求めるものは
すべて既に得られたと信じなさい。
そうすれば、そのとおりになる。」
（マルコによる福音書 11・24）

　信頼は、生命と同じように、感情です。感情のない生活は、矛盾しています。信頼は最も強く感じられる感情です。信頼は感情そのものであり、愛によってのみ働きます。感情のない愛がありえないように、感情のない信頼もありえません。ここでいう信頼は確信のことです。信頼は、神が今ここで何かを行われるのを見いだすことです。

　信頼は希望を実現した現実に変え、約束を現在の所有に変えます。わたしたちは自分がいつ信頼するかを知っています。いつ何かを見るかを知っているのと同じです。信頼は見、受け入れ、つかみます。信頼は自らの証人です。

愛する神よ。あなたに感謝します。あなたへの信頼はわたしたちの希望を実現した現実に変えるからです。あなたは驚くべき方です。アーメン。

黄金律としての祈り

人よ、何が善であり
主が何をお前に求めておられるかは
お前に告げられている。
正義を行い、慈しみを愛し
へりくだって神と共に歩むこと、これである。
（ミカ書6・8）

　祈りの奉仕職は、すべての神の聖人たちを特徴づける特色でした。聖人たちの業の力と魂は、彼らの祈りの生活からもたらされました。

　わたしたちは人間を超えた助けを必要としています——人間には、常に寛大、公正かつ真実に裁き、黄金律に従って行動するための本性的な力がありません——。だからキリストは、人間が神の御旨に従ってこれらのことを果たせるように、祈りを教えたのです。

　祈りによって、愛の掟を感じ、愛の掟に従って話し、神の愛の掟に従ってすべてのことを行えるようになるのです。

3月28日

　主である神よ。あなたはわたしたちに祈りを与えてくださいました。わたしたちがキリストを通して、あなたの栄光のためにすべてのことを行えるようになるためです。わたしはあなたの愛の掟に従って歩みたいと望みます。アーメン。

祈りの川

わたしたちは、祈りと御言葉の奉仕に
専念することにします。
（使徒言行録 6・4）

　絶えず祈らなければなりません。また祈りが望みと霊と行動を欠くことがあってはなりません。わたしたちは常にひざまずくことはできないかもしれませんが、心は常に祈りの内になければなりません。
　祈りの心が心地よい掟となり、あらゆる時間と場所を整えなければなりません。信心と祈りの時間を聖化するのと同じ心をもって、活動と業を行わなければならないのです。
　いつでも、またどこでも、このように祈りを理解している神の人は幸いです。このような人から祈りの川が流れ出ます。

愛する父よ。たとえひざまずいていなくても、わたしの心はいつも祈りの内にあなたにひれ伏したいと望みます。アーメン。

3月29日

心からの信頼

> 主に信頼……せよ。
> （詩編 37・3）

　歴史や記録に対する信頼は受け身的なものかもしれません。しかし、ある人に対する信頼は信頼の質を強めます。祈りに力を与える信頼は、ある方に向かう信頼です。
　信頼はさらにそれ以上のものとなります。わたしたちの祈りを促す信頼は、神やキリストという方への信頼だけであってはなりません。それは、わたしたちが祈るものを進んで与えてくださる、その力への信頼でなければならないのです。主が教えてくださったとおり、実りをもたらす祈りの条件は、理性ではなく心だと信じなければなりません。
　主の力強い約束は、信仰を今この時に向かわせ、今この時の答えを期待させてくださいます。

愛する主よ。わたしは信じます。あなたを信頼することにより、あなたは望む心を与えてくださるということを。あなたの御名をたたえます。アーメン。

3月30日

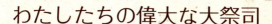

わたしたちの偉大な大祭司

キリストは、……激しい叫び声をあげ、涙を流しながら、
……祈りと願いとをささげ……ました。
（ヘブライ人への手紙 5・7）

　わたしたちの偉大な大祭司であるキリスト・イエスは、恵みに満ちた慰め主であり、力強い執り成し手です。聖霊は、わたしたちの聖なる交わりと権威の内に歩みます。そしてキリストの寛大さと満ち満ちたものと力とをもって助けてくださいます。
　キリストは、祈るキリストだったでしょうか。キリストは祈るために孤独と暗闇の中にいることを望まれたでしょうか。キリストは今、天上で神の右の座に座り、わたしたちのために祈っておられるでしょうか。もちろん祈っておられます。
　ですから、偉大な慰め主である聖霊は、祈るキリストとしてのイエス・キリストの代わりとなってくださるのです。

全能の神よ。わたしはあなたに感謝することを望みます。あなたは、偉大な大祭司、恵み深い慰め主、力強い執り成し手を与えてくださったからです。アーメン。

3月31日

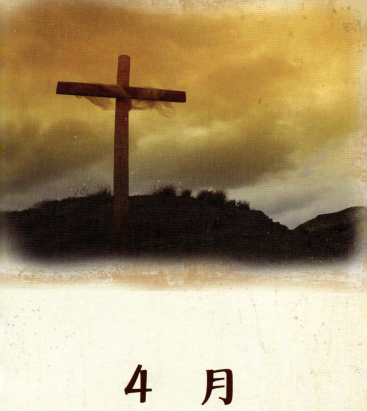

4 月

祈りと望み

正しい人の祈りは、大きな力があり、効果をもたらします。
（ヤコブの手紙 5・16）

　何かを望むとは、単に願いごとをすることではありません。霊的な事柄の次元で望むことは極めて重要です。それゆえ、望みは祈りに絶対に不可欠なものだと言えます。望みは祈りに先立ち、また同伴します。祈りは望みを言葉で言い表したものです。祈りは外に表されます。望みは沈黙しています。祈りは聞き入れられます。望みが深ければ深いほど、祈りも力強いものとなります。

　望みがなければ、祈りは意味のない口ごもりとなります。心と感情と真の望みなしに、うわの空で形式的に祈りを唱えることを、伝染病のように避けなければなりません。そのような祈りは貴重な時間の浪費であり、そこからは真の祝福は何ももたらされません。

愛する神よ。わたしのすべての望みは、あなたを礼拝することです。わたしをお導きください。あなたの御旨を行いたいという強い望みが、わたしの祈りに伴いますように。
アーメン。

4月1日

恵みが満ちあふれるところに、歌も満ちあふれる

神よ、すべての民が
あなたに感謝をささげますように。
（詩編 67・4）

　神がある人の中心にいるとき、天が降り、妙なる旋律が聞こえてきます。このことは、聖人たちの集いに言えるのと同じように、信者一人一人の生活にも言えます。歌の消滅は、心の中の恵みの衰えと、民における神の不在を示します。
　歌う主な目的は、神に聞いていただくことです。神の注意を引きつけ、神に喜んでいただくことです。言うまでもなく、歌は、お金をもらって歌う聖歌隊の栄光のためのものでも、教会に人々を引き寄せるためのものでもありません。それは神の栄光と会衆の魂のためのものなのです。

　父である神よ。わたしはあなたの御名をたたえるために歌うことを望みます。歌をもってあなたをたたえ、喜ばすことを望みます。あなたはわたしを慈しんでくださったからです。アーメン。

4月2日

感謝するほど、愛は深まる

主は……わたしに耳を傾けてくださる。
生涯、わたしは主を呼ぼう。
（詩編 116・1-2）

　愛は感謝が生み出す子です。感謝するほど、愛は深まります。そこから神への賛美と感謝があふれ出ます。祈りへの答えから感謝が生まれ、感謝は愛を生み出します。この愛は、絶えざる祈りをもたらします。感謝と愛はより深い祈りを生み出すのです。
　神の憐れみを思い巡らすなら、感謝が生まれるだけでなく、自分の持てるすべてのものを神にいっそうささげるようになります。こうして祈りと感謝と奉献は分かちがたく結ばれるのです。

愛する主なる神よ。あなたを賛美します。あなたは驚くべき仕方でわたしを造ってくださったからです。わたしを愛してくださるあなたに感謝します。アーメン。

4月3日

天から与えられる望み

「義に飢え渇く人々は、幸いである、
　その人たちは満たされる。」
（マタイによる福音書5・6）

　天から与えられる望みは、心が新たにされたことを示すしるしであり、生き生きとした霊的生活を送っていることの証拠です。霊的な望みは神に向かって生かされた魂に属します。新たにされた魂が義に飢え渇くとき、この聖なる望みが祈りに注ぎ込みます。
　キリストへの飢えを満たしていただけるよう、わたしたちは祈りの中でイエス・キリストの御名と力に依り頼みます。祈りの生命の基盤は人間の心です。この飢えは単なる欲求ではなく、わたしたちが必要とし、そのために祈るように促される、心からの望みです。望みは意志の実行です。

父よ。わたしの魂はあなたに飢え渇きます。わたしのすべての望みを満たしてくださるあなたに感謝します。アーメン。

4月4日

燃え上がる望み

あなたは、「わたしは金持ちだ。満ち足りている。
何一つ必要な物はない」と言っているが、
自分が惨めな者、哀れな者、貧しい者、目の見えない者、
裸の者であることが分かっていない。
（ヨハネの黙示録3・17）

祈らないことの理由が、望みの弱さにあるかどうかは、問うまでもないことです。わたしたちは本当に天の宝への内なる飢えを感じているでしょうか。まことに、炎はかすかに燃えているだけです。これが、ラオディキアのキリスト者の悲惨な状態の主な原因だったことを、思い起こさなければなりません。

わたしたちの心が新たにされなければならないのは、心から悪を追い出すためだけでなく、心を善で満たすためでもあります。心を新たにしなければなりません。それは、天の事柄への望みが強い促しとなるためです。

愛する神よ。わたしの望みの弱さが、祈らない理由となることがあります。わたしの内に清い心を造ってください。わたしの内なる正しい霊を新たにしてください。アーメン。

4月5日

目に見えない感謝の心を、目に見える感謝の言葉で表す

その中の一人は、自分がいやされたのを知って、大声で神を賛美しながら戻って来た。そして、イエスの足もとにひれ伏して感謝した。この人はサマリア人だった。
（ルカによる福音書 17・15-16）

　感謝は、言葉に出して積極的に示すものです。感謝とは神に何かをささげることです。感謝は公に行うものです。感謝の心は秘められ、語らず、受け身です。それは賛美と感謝の言葉として表されるまで、存在することが示されません。
　感謝の心は心の中で感じるもの、感謝の言葉は感情の表現です。感謝の言葉は、言葉が示すとおり、神に感謝を示すことです。それは、与えられた祝福に対して感じていることを、神に言葉で示すことです。

愛する父よ。あなたの御手から受けた多くの祝福に感謝します。わたしの心はあなたへの感謝で満ちています。あなたの御名をたたえます。アーメン。

4月6日

燃え上がる教会

怠らず励み、霊に燃え……なさい。
（ローマの信徒への手紙 12・11）

　神は炎です。神の教会も、もし神に似たものでありたいなら、炎のようなものでなければなりません。神は、御自分が燃え上がる教会によって示されることを望まれます。燃え上がるために教会が用いることのできる唯一のものは、神が与えてくださる信仰への深く変わることのない関心です。
　主は、不寛容で騒がしいおしゃべりとは正反対の方です。しかし、神の家を思う熱意が主を食い尽くしました。世は今なお、御自身を食い尽くす主の炎を感じています。人々はますます進んで、はっきりとこの炎に答えようとしています。

　神よ。わたしはあなたへの思いに燃え上がる教会の一員でありたいと望みます。いつも熱心で、あなたへの思いに燃え上がれますように、わたしをお助けください。アーメン。

4月7日

命の喜び

「あなたは、冷たくもなく熱くもない。
むしろ、冷たいか熱いか、どちらかであってほしい。
熱くも冷たくもなく、なまぬるいので、
わたしはあなたを口から吐き出そうとしている。」
(ヨハネの黙示録3・15-16)

　神が我慢できないものが二つあります。不誠実となまぬるさです。神は、誠実さと熱意の欠如を忌み嫌われます。ラオディキアのキリスト者に言われたのはそのことです。
　真の祈りは熱心にささげられなければなりません。キリスト者の生活と態度は燃える炎のようでなければなりません。天の事柄に心から関心を持たない人は、全く関心を持たないのと変わりません。燃える魂は、日々の戦いに打ち勝つ人々です。
　神の城を占領するのは、熱心な礼拝によってそれを攻め、揺るぎない熱意をもってこれを勝ち取る人です。

　　主よ。わたしはあなたがなまぬるさを忌み嫌われることを知っております。わたしは心から天の事柄にあこがれることを望みます。あなたの聖霊によってわたしを助け、導いてください。アーメン。

4月8日

キリストへの熱意

「あなたの家を思う熱意がわたしを食い尽くす」
(ヨハネによる福音書 2・17)

　愛は炎によって輝き、熱意はその薪です。炎は真のキリスト者が吸う空気です。空気は炎を大きくします。空気は、弱々しい炎以外のすべてに抗うことができます。
　祈りにおける熱意の欠如は、深く強い望みがないことを示す確かなしるしです。熱心でなくなることは、神から遠ざかることです。悔い改める人が祈るなら、神は罪を赦すことができ、また進んで罪を赦されます。炎は祈りを促す力です。
　炎から出たのでない信仰生活の原理は、力も効果も持ちません。熱意は祈りの魂です。

　愛する神よ。霊的な熱意を失わないことをわたしは望みます。わたしの魂に熱意の炎を燃え立たせてください。心からあなたに仕えることができますように。アーメン。

4月9日

炎がなければ祈ることはできない

わたしの祈りを御前に立ち昇る香りとし
高く上げた手を
夕べの供え物としてお受けください。

(詩編 141・2)

　初期のメソジスト信者は教会堂の中に暖房設備を付けませんでした。会衆席と説教壇の炎があれば十分暖まると、彼らは述べています。現代のわたしたちも、神の祭壇の燃える炭火を心にくべることを必要としています。

　この炎は単なる精神力でも肉体的な力でもありません。それは神の霊の存在そのものなのです。祈りは炎によって上昇します。炎は祈りに方向と翼を与えます。炎は祈りに、祈りを聞いてくださる方の力を与えます。火のないところに香りは昇りません。炎がなければ祈ることはできません。

　父である神よ。あなたの祭壇からわたしの心に燃える炭火を入れてください。主よ、あなたの霊の力によってわたしの心を燃え立たせてください。アーメン。

4月10日

くどくどと述べるのか、祈るのか

　　　神に、命の神に、わたしの魂は渇く。
　　　　　　　（詩編 42・3）

　祈りは単なる演劇の練習ではありません。祈りは漠然とした要求でもありません。祈りは霊的習慣に必要な要素の一つではありますが、単なる習慣となったとき祈りであることをやめます。
　祈りを強めるのは、深く力強い霊的な望みです。望みは、多くの事柄を挙げることも、広大な分野を示すこともできるかもしれません。しかし、望みは領域を示すものでしょうか。答えは、わたしたちの願いが、くどくどと述べることか、祈りであるかにかかっています。
　差し迫った望みは、わたしたちがいつまでも勇気をもってある事柄を祈るように仕向けます。わたしたちは、粘り強く願い、祝福が与えられるまで神を離さないのです。

主よ。わたしを導いてください。わたしの祈りが単なるくどくどとした言葉ではなく、まことの心からの祈りとなりますように。アーメン。

4月11日

祈りの基盤

「義に飢え渇く人々は、幸いである、
　その人たちは満たされる。」
（マタイによる福音書5・6）

　望みは目的を目指します。さまざまなことを望むことは可能ですが、望む対象は一人一人が特定のものとして感じ、表明するのです。このように望みがかけがえのないものであることが、祈りにおいて重要です。またそれが祈りを直接、願うものへと駆り立てます。

　これが、聞かれることを求める祈りの基盤です。このような強力な内なる望みが、霊的な欲求の内実をなします。

　わたしたちの祈りが味気のない決まり文句の繰り返しに終わるだけなこともあるのは、本当ですし、それもまれではありません。

　熱心に、真心を込めて主に祈りなさい。そうすれば、主はあなたを引き寄せ、望みをかなえてくださいます。

愛する神よ。あなたに感謝します。あなたに飢え渇く人は満たされると、あなたは教えてくださったからです。アーメン。

4月12日

新たな発見

「いいえ、祝福してくださるまでは離しません。」
(創世記 32・27)

　祈りが、決まった言葉の単なる繰り返しになる場合があります。もはや新鮮さも生命も感じられません。
　望みがなければ、魂の重荷も幻も信仰の喜びも消えうせます。神に力強く訴えかけることも、すがりついて離さないようなこともありません。
　神は祈る人のそばに来てくださいます。神を見ること、神を知ること、神のために生きること──これが、すべての真の祈りの目的です。だから、このように祈る人は、聖書から新たな発見を行います。祈りから得られる光と啓示によって、キリストは新たな救い主として姿を現します。

　愛する父よ。わたしたちは祈りを通じて、日々、あなたを新たに見いだし、体験することができます。あなたに感謝します。あなたは祈る人のそばに来てくださるからです。アーメン。

4月13日

さまざまな望みを識別する

ひとつのことを主に願い、それだけを求めよう。
命のある限り、主の家に宿り
主を仰ぎ望んで喜びを得
その宮で朝を迎えることを。
（詩編 27・4）

　望みは意志の実行です。望みは、何か偉大な善に対して内なる人において高まる、強く、意識的なあこがれです。望みは、選択と態度と炎を含みます。望みに基づく祈りは、真正かつ個性的です。
　聖なる望みの助けとなるのは、熱心な探究です。わたしたちに霊的な欲求があること、神がこの欲求を満たしてくださることを深く考えることも、望みを深める助けとなります。祈る前に真剣に考えることも、望みを深めます。祈りを集中させ、思考の散乱から救ってくれるのです。

　神よ。御言葉を黙想するわたしを、あなたの聖霊によって導いてください。あなたがたたえられますように。アーメン。

4月14日

緊密な関係

目を覚まして感謝を込め、ひたすら祈りなさい。
（コロサイの信徒への手紙 4・2）

　祈りと賛美と感謝は共に歩みます。この三つの間には緊密な関係があります。聖書はこの三つを一つにまとめます。
　詩編には多くの賛歌と感謝の歌が収められています。これらの歌はみな、祈りから生まれたものです。
　感謝の言葉は感謝の心から生まれます。実際、感謝の言葉は、神の憐れみに対する、内なる意識的な感謝の心を言い表したものです。
　感謝の心は、自然にあふれ出る心の内なる感情です。これに対して、感謝の言葉は、感謝の心を意識的に言い表したものです。

　愛する父である神よ。あなたに心から感謝したいと望みます。あなたはわたしに慈しみを注いでくださったからです。あなたの愛はとこしえにとどまります。アーメン。

4月15日

感謝の心

主よ、わたしたちのために
大きな業を成し遂げてください。
わたしたちは喜び祝うでしょう。
(詩編 126・3)

　感謝の心は、神の慈しみを思い巡らすことから生まれます。感謝の心は、神がわたしたちのためにしてくださったことを思うときに生まれます。感謝の心と感謝の言葉は、神とその憐れみに向かいます。心は自ずと神に感謝します。人はこの心からの感謝を言葉と行いをもって表します。
　感謝の心は神の恵みと憐れみを思うことから生まれます。人は、神の憐れみに対する感謝と報恩のために賛美します。これまでに示された憐れみを思うとき、心は感謝の思いへと促されるのです。

愛する神よ。あなたが御自分の子らに示してくださったすべての恵みと憐れみのゆえに、わたしの心はあなたへの感謝で満たされます。アーメン。

4月16日

望みのための祈り

そればかりか、わたしの主キリスト・イエスを知ることのあまりのすばらしさに、今では他の一切を損失とみています。キリストのゆえに、わたしはすべてを失いましたが、それらを塵あくたと見なしています。キリストを得……るためです。

(フィリピの信徒への手紙 3・8-9)

　たとえ望みがないときにも、わたしたちは祈らなければなりません。そのようなとき、わたしたちは、祈りへの望みのために祈らなければなりません。この祈りへの望みは、神が与えてくださる、天からの望みです。
　望みが与えられたとき、わたしたちは望みの原理に基づいて祈らなければなりません。霊的な望みがないとき、わたしたちは、望みがないことを悲しまなければなりません。わたしたちは熱心に賞を目指さなければなりません。祈りが心からの望みの表現となるためです。

全能の神よ。どうかわたしの祈りへの望みを増し、強めてください。わたしの祈りが力強く、実りをもたらすものとなりますように。アーメン。

4月17日

祈りは未来に目を向ける

いつも喜んでいなさい。絶えず祈りなさい。どんなことにも感謝しなさい。これこそ、キリスト・イエスにおいて、神があなたがたに望んでおられることです。
（テサロニケの信徒への手紙一 5・16-18）

　感謝の心と感謝の言葉は、今行われるものですが、過去に目を向けます。しかし、祈りは未来に目を向けます。感謝は過去に与えられた事柄に関わります。祈りは、わたしたちが望み、願い、期待する事柄に関わります。
　わたしたちが願うものを神が与えてくださったとき、祈りは感謝と賛美に変わります。祈りが感謝を生み出すものをもたらすように、賛美と感謝も、わたしたちに祈りを促し、いっそう深く祈るように力づけてくれるのです。

父よ。わたしたちが絶えず祈り、どんなことにも感謝することをあなたは望まれます。このことができるように、あなたの聖霊によってわたしたちを助けてください。アーメン。

4月18日

感謝とつぶやき

いつも感謝していなさい。
……知恵を尽くして互いに教え、諭し合い、詩編と賛歌と
霊的な歌により、感謝して心から神をほめたたえなさい。
（コロサイの信徒への手紙3・15-16）

　神に感謝することの反対は、自分たちが置かれた状況に対するつぶやきと不平です。感謝とつぶやきが、同じ心の中に同時に存在することはありません。感謝のない心は、感謝と賛美と同居できません。
　真の祈りは不平を追い払い、感謝の心と言葉を促します。運命への不満、神の摂理によって生じたことへの不平は、感謝の敵です。

　主である神よ。あなたに対する感謝に不満が立ちはだかることを、わたしは望みません。感謝し、満足する心をお与えください。アーメン。

4月19日

奉献生活＝祈り＋感謝

感謝を込めて……
求めているものを神に打ち明けなさい。
（フィリピの信徒への手紙4・6）

　真の祈りがそこにあるなら、祈りが聞き入れられたときには、感謝の思いと言葉が必ずあふれ出ます。祈りが答えをもたらすように、答えは感謝と賛美をもたらします。
　祈りによって神が業を行ってくださるように、聞き入れられた祈りによって感謝がささげられます。夜の後に昼が来るのと同じように、聞き入れられた祈りには感謝が伴います。
　真の祈りと感謝は完全な奉献を伴い、奉献はさらなる祈りを伴います。奉献生活は祈りと感謝の生活なのです。

愛する神よ。わたしは御前で祈りと感謝をささげる生活を送りたいと望みます。あなたの霊の力によってわたしを導いてください。アーメン。

4月20日

賛美の歌をささげよ

「告白をいけにえとしてささげる人は
わたしを栄光に輝かすであろう。
道を正す人にわたしは神の救いを示そう。」
(詩編 50・23)

　賛美はそのすべてを祈りに負っています。賛美のすべての量と調べは祈りにかかっています。賛歌を歌うことは、賛美の通常の方法です。教会で賛歌を歌うのは大切なことです。わたしたちの賛美が本物かどうかは、賛歌の質によって測られるからです。
　賛歌が祈りを堕落させる要素を含むこともありえます。それは、賛歌が感謝や賛美から祈りを遠ざける場合です。
　現代の教会の賛歌のほとんどは、心からの神への賛美とはほど遠いものになっています。
　今日も、とこしえに、真の喜びの歌をもって神をたたえようではありませんか。

　主よ。わたしはあなたに賛美と喜びの歌をささげたいと望みます。わたしの歌が真実のものとなるように、わたしをお助けください。アーメン。

4月21日

祈りの香り

> だから、イエスを通して賛美のいけにえ、
> すなわち御名をたたえる唇の実を、
> 絶えず神に献げましょう。
> (ヘブライ人への手紙 13・15)

　祈りの心と真の賛美の心は共に歩みます。しばしばこの二つは、教会内で無思慮な仕方で歌われる賛歌によって台無しにされています。多くの賛歌は真剣な思考と信心の精神を欠いているからです。
　感謝こそが、祈りの生活です。感謝は祈りの香りと音です。それは祈りの詩と冠です。聞き入れられた祈りは、賛美と感謝となってほとばしり出ます。祈りの心をかき乱すものはすべて、賛美の心を台無しにするのです。

　父である神よ。わたしはあなたに賛美のいけにえをささげます。わたしはあなたの愛と慈しみをとこしえに歌いたいと望みます。アーメン。

4月22日

霊的な歌

息あるものは　こぞって主を賛美せよ。
ハレルヤ。
（詩編 150・6）

　わたしたちの心は、神に賛美の歌をささげるために、祈りの恵みを持たなければなりません。霊的な歌は、音楽の才能によって歌うのではなく、心の中の神の恵みによって歌うものです。教会における恵みに満ちた真の信仰生活の再生のほかに、賛美の助けとなるものはありません。
　神が共にいてくださることの自覚が、賛歌に力を与えます。天使と天の集いは、天上で賛美と礼拝をささげるために聖歌隊を必要としません。
　天使たちは賛歌の音符と音階を学校で習うのではありません。天使たちの歌声は自然に心からあふれ出るのです。

　主である神よ。あなたに感謝します。あなたは共にいてくださることによって、わたしたちの賛歌と賛美に力を与えてくださるからです。アーメン。

4月23日

神が共におられることが賛美を促す

> わたしたちの神をほめ歌うのはいかに喜ばしく
> 神への賛美はいかに美しく快いことか。
> （詩編 147・1）

　神は常に天使の集いと共におられます。神が栄光を帯びて共におられることが、賛歌を生み出し、教え、賛美の音を注ぎ込みます。

　神が共におられることが、賛歌と感謝を生み出します。これに対して、神が教会におられないことは、賛歌の死をもたらします。賛歌は命と温かみを欠いた形式的なものになり果てます。

　神が教会の中に共にいてくださることの自覚は、賛美の日々を回復し、賛美の歌声を復活させます。

　主よ。わたしは詩編作者と共に言います。「わたしたちの神をほめ歌うのはいかに喜ばしく、神への賛美はいかに美しく快いことか」。アーメン。

4月24日

霊的な望み

生まれたばかりの乳飲み子のように、
混じりけのない霊の乳を慕い求めなさい。
これを飲んで成長し、救われるようになるためです。
（ペトロの手紙一 2・2）

　欲求を感じることが、切実な望みを生み出します。飢えは身体的な欲求のはっきりとした感覚です。飢えは食物を求めます。同じように、霊的な欲求に関する内的な自覚が望みを生み出します。そして望みは祈りを生み出します。
　望みは、わたしたちが持っていないものに対する心のあこがれです。霊的な望みは、キリストにおける新たな生活を示すしるしです。
　霊的な望みは新たにされた魂の内で生まれます。心の中にこの聖なる望みが存在しないことは、霊的な喜びが失われていること、新たな誕生が起きていないことを示すしるしです。

神よ。わたしの霊的な喜びが失われることのないようにしてください。日々、あなたの栄光のゆえに、わたしの魂を新たにしてください。アーメン。

4月25日

特定の祈り

あなたがたの中で苦しんでいる人は、祈りなさい。
喜んでいる人は、賛美の歌をうたいなさい。
（ヤコブの手紙 5・13）

　神はわたしたちのために多くのことをしてくださいます。けれども、必要なものを与えられるために、わたしたちはある特別な祈りをささげなければなりません。わたしたちは祈りと感謝を通じて、特定の願いを神にささげなければなりません。そして、何よりも、これらの願いと共に、感謝をささげなければなりません。

　わたしたちが地上で行うように神が望んでおられることを、わたしたちは永遠の命のためにしようと努めます。これはすばらしいことです。

　賛美と感謝は、わたしたちが天上にとどまるときにも行うことになる、聖なる務めです。わたしたちはこの喜ばしい努めを行うことに倦むことがあってはなりません。

全能の神よ。わたしは感謝と共に、祈りと願いを通じて、あなたに願いをささげます。わたしの祈りを聞いてくださるあなたに感謝します。アーメン。

4月26日

賛美の心

沈黙してあなたに向かい、賛美をささげます。
シオンにいます神よ。
あなたに満願の献げ物をささげます。

（詩編 65・2）

　賛美の心は、かつて初代教会が誇ったものでした。賛美の心は初期のキリスト者の会堂にとどまりました。神がそこから語った栄光の雲のように。賛美の心は初期キリスト者の会堂を高価な香の香りで満たしました。

　残念ながら、このような賛美の心が現代の教会の中には見いだせません。注意深く観察するなら、そのことは明らかです。賛美の心こそが福音宣教の力であることも同様に明らかです。

　現代の教会に賛美の心を復活させることが、すべてのキリスト者の主要な務めです。

主よ。わたしは、わたしたちの教会に賛美の心を取り戻したいと望みます。あなたの御名が全地でたたえられますように。アーメン。

4月27日

霊を待ち望む

> 一同は聖霊に満たされ……た。
> （使徒言行録2・4）

　聖霊を注ぐという、弟子たちに対する約束は、長く粘り強い祈りの後に初めて実現しました。弟子たちが天からの力を受けるという約束ははっきりとしたものだったので、彼らはエルサレムにとどまらなければなりませんでした。

　約束の実現は、待つことにかかっていました。まさに弟子たちが確かな約束に期待をかけて祈っていたときに、聖霊が彼らの上に降り、皆が聖霊に満たされました。このことは重要です。約束と祈りは共に歩むのです。

　主よ。あなたに感謝します。あなたの約束に望みをかけて祈り、あなたを待ち望むなら、あなたはあなたの聖霊でわたしたちを満たしてくださるからです。アーメン。

4月28日

聖霊降臨の日

そして、彼らと食事を共にしていたとき、こう命じられた。
「エルサレムを離れず、前にわたしから聞いた、
　父の約束されたものを待ちなさい。」
（使徒言行録 1・4）

　イエス・キリストは、この約束を弟子たちにしてから、天に昇りました。しかし、聖霊を送るという約束は、イエスが神の右の座に着いて初めて実現しました。
　弟子たちは、婦人たちと共に、上の部屋で、数日間、絶えず祈りをささげました。この祈りが聖霊降臨の日をもたらしたのです。当時生じたことは、現代においても生じることが可能です。
　同じように祈るなら、現代においても、祈りは聖霊降臨をもたらすことができます。約束は力と生命を失っていないからです。

神よ。粘り強い、心からの祈りが、地上で偉大なことをもたらしうることを、わたしは知っております。どうかわたしが祈り続けることができますように。アーメン。

4月29日

豊かな赦し

「ダビデの子イエスよ、わたしを憐れんでください。」
(マルコによる福音書 10・47)

　すべての罪人に対する神の約束は同じです。罪人が悔い改めて神に赦しを願い求めるなら、神の約束は実現します。
　罪人が祈るなら、憐れみを受けます。自分の罪を告白するなら、神はわたしたちを赦し、清めてくださる——この約束に基づいて祈りをささげるからです。悔い改めて、神を追い求める人は、憐れみを受けます。主の御顔を求めるすべての人に、憐れみが約束されているからです。
　祈りは必ず、求める人に赦しをもたらします。豊かな赦しは、神が約束し、実現された、罪人に対するご自身の約束に基づいているのです。

　主よ。あなたに感謝します。自分の罪を告白するなら、あなたは真実で正しく、わたしたちの罪を赦し、すべての不義から清めてくださると、約束されたからです。アーメン。

4月30日

5 月

祈りが心を欠くなら

怠らず励み、霊に燃えて、主に仕えなさい。
（ローマの信徒への手紙 12・11）

　熱意を欠いた祈りは、あなたがたの状況を解決する助けになりません。何も与えないからです。
　熱意を欠いた祈りには、心が欠けています。本物の祈りには、心と魂と知性がなければなりません。神への叫びの力を感じて、天も心を動かされるのです。
　パウロは燃えるような祈りの心を持つ人の模範です。彼は熱烈に願いをささげました。パウロは、自分が望むものと、それをかなえてくださる神に揺るぎなく心を向けていたのです。

愛する神よ。わたしはパウロのような燃える心を持ちたいと望みます。あなたの真理によって今日もわたしをお導きください。アーメン。

5月1日

試練という学び舎

> だれが、キリストの愛から
> わたしたちを引き離すことができましょう。
> 艱難か。苦しみか。迫害か。飢えか。裸か。危険か。剣か。
> （ローマの信徒への手紙 8・35）

　人生の試練にはなんとさまざまなものがあることでしょうか。誰もある特定の場所で同じ試練に遭うことはありません。神は御自分の子らを同じ試練に遭わすことはありません。
　神はそれぞれ異なる仕方で御自分の子らに関わります。だから試練もさまざまです。神は同じことをなさいません。神がすべての人に同じ仕方で何かをなさることはありません。神は一人一人の子らにそれぞれの人と状況に応じて関わります。

　主よ。試練はさまざまな形と大きさで訪れます。あなたに感謝します。あなたは御自分の子らにそれぞれに応じた仕方で関わってくださるからです。アーメン。

5月2日

弱々しい祈り

イエスは、気を落とさずに
絶えず祈らなければならないことを教えるために、
弟子たちにたとえを話された。
（ルカによる福音書 18・1）

　主は弱々しく祈らないようにわたしたちに警告します。長く祈ることができるように熱意を保たなければならないということです。炎はわたしたちを目覚めさせてくれます。
　少しの進歩もない活気のない祈りに打ち勝つには、大変な労力が必要です。神が聖徒たちと共に住んでおられる天に至るには、炎のような熱意が必要です。
　祈る時には、神の前での熱意が大切です。このように祈るとき、神の御手から速やかに豊かな報いが与えられます。

愛する父よ。わたしに炎のような熱意をお与えください。試練を乗り越え、天におられるあなたの御前に至るために。アーメン。

5月3日

試練に力はない

「父は悪人にも善人にも太陽を昇らせ、正しい者にも
正しくない者にも雨を降らせてくださるからである。」
（マタイによる福音書 5・45）

　試練はそれ自体として罪ではありません。それは罪のしるしでもありません。善人も悪人も試練に遭います。試練は神の御心に適わないことのしるしではありません。聖書の多くの箇所はそのような考えを否定します。
　ヨブがその一例です。神はヨブの深い敬虔を認めながら、知恵と慈しみの計画のゆえに、サタンに命じて試練を与えました。試練そのものには、聖なる人と神の関係を妨げる力はありませんでした。

　愛する神よ。試練には、わたしとあなたの関係を妨げる力がないことを、わたしは知っております。そのことのゆえにあなたに感謝します。アーメン。

5月4日

熱心な心

涸れた谷に鹿が水を求めるように
神よ、わたしの魂はあなたを求める。
神に、命の神に、わたしの魂は渇く。いつ御前に出て
神の御顔を仰ぐことができるのか。
（詩編 42・2-3）

　熱意のある所は、知性ではなく、心です。熱意は感情の動きです。

　熱意を造り出すのはわたしたちの仕事ではありません。けれどもわたしたちは、熱意を心に与えてくださるよう神に願うことができます。その後で、わたしたちはこの熱意を育み、成長させることができるのです。

　一人一人の救いは、単に神に祈り、願いをささげることだけで得られるのではありません。熱心な心とその成長を求めることもその方法です。

　熱心に祈る心が与えられ、深まるように、神に願おうではありませんか。

父よ。わたしに熱心な心をお与えください。また、この熱心な心を育み、成長させることができるように、わたしを助け、導いてください。アーメン。

5月5日

試練に襲われた時

「疲れた者、重荷を負う者は、
だれでもわたしのもとに来なさい。休ませてあげよう。」
（マタイによる福音書 11・28）

　試練に襲われた時、しなければならないのは、試練を主の御前に置き、恵みと忍耐と柔和を与えられるよう願うことです。迫害され、打ち砕かれ、傷ついた心が、へりくだって神の御顔を求めるのは、当然であり、理に適っています。
　人々が試練に遭っても、必ずしも神の前で祈らないのは残念なことです。さまざまな試練によって落胆させられた時に、人が祈るすべを知らないのは残念です。試練に遭った時、ひざまずいて祈れる人はなんと幸いなことでしょう。

　全能の神よ。わたしはすべての心配と重荷を御前に置きます。わたしは、あなたがわたしを慰め、休ませてくださることを知っております。あなたに感謝します。アーメン。

5月6日

望みの目的

主は世界中至るところを見渡され、
御自分と心を一つにする者を力づけようとしておられる。
この事について、あなたは愚かだった。
今後、あなたには戦争が続く。
（歴代誌下 16・9）

　熱意と祈りは神と関わります。望みには常に目的があります。わたしたちは望むとき、「何か」を望みます。霊的な望みに含まれた熱意は、祈りの熱心さを測る秤です。
　祈りは熱意と力を伴わなければなりません。神を中心とするこの力が、地上の善のために神御自身がどれほどのものを与えてくださるかを決めるのです。
　熱心に祈る人は、義と、神が御自分の子らに求めるあらゆる資質を得ようと努めます。

愛する神よ。あなたの霊によって、わたしに熱意と力をお与えください。イエスの御名によって祈ります。アーメン。

5月7日

試練と祈り

あなたがたを襲った試練で、
人間として耐えられないようなものはなかったはずです。
(コリントの信徒への手紙一 10・13)

　試練と祈りは密接に関わり合っています。祈りは試練にとって重要な意味を持ちます。試練は多くの場合、神に祈るよう人々を促します。
　祈りはしばしば人を試練から解放します。さらに祈りは、試練に耐える力を与え、試練の中で慰め、試練の最中で忍耐を造り出します。
　自分の力の真の源である方を知り、試練の時にもたゆまずに祈る人は幸いです。

　神よ。あなたに感謝します。あなたは試練の時にわたしを救い出してくださるからです。祈りには力と大きな意味があることをわたしは知っております。あなたの御名をたたえます。アーメン。

5月8日

いつも光と喜びの日なのではない

人は女から生まれ、人生は短く苦しみは絶えない。
（ヨブ記 14・1）

　試練は地上の生活の要素の一つです。試練には、人を不要な絶望と悩みで満たす力があります。
　光と喜びだけを期待する人生観は誤りであり、その人の無知を現します。試練に遭った時に失望し、慌てふためくのは、そのような人です。
　彼らは神を知らず、神が御自分の民を鍛えようとしておられることを知らず、祈ることがないのです。

　神よ。あなた御自身が言われたとおり、あなたはわたしたちを耐えられないような試練に遭わせることはなさいません。あなたに感謝します。あなたは試練に遭って御前で祈るわたしたちを救い出してくださるからです。アーメン。

わたしの願いはすべて……

わたしの主よ、わたしの願いはすべて御前にあり
嘆きもあなたには隠されていません。
(詩編 38・10)

　これはなんとすがすがしい思いでしょうか。わたしたちは主に祈ります。その主にとって、わたしたちの呻きは隠されていません。
　神の前で熱心でなければならないのは、粘り強く祈らなければならないのと同じです。熱意は祈りではありませんが、それは真剣な魂から流れ出て、神の目に貴いものです。熱心な祈りは、祈りに答えて神がなさる業の先駆けです。
　祈りの中で神の御顔を求めるとき、わたしたちが示す熱意に応じて、神はわたしたちに心から望むものを与えてくださいます。

　愛する父よ。わたしはあなたの御顔を求めつつ、御前で祈ります。どうかわたしの心の熱意を増し加えてください。アーメン。

5月10日

神の僕としての試練

それゆえ、あなたがたは、心から喜んでいるのです。今しばらくの間、いろいろな試練に悩まねばならないかもしれませんが、あなたがたの信仰は、その試練によって本物と証明され……イエス・キリストが現れるときには、称賛と光栄と誉れとをもたらすのです。

(ペトロの手紙一1・6-7)

　試練は神の御手の内にあります。それは神が御計画を実現し、御自分の聖なる者たちを完成に導くための手段です。神の御手は、神の民の生活の中で生じるあらゆる試練の内に見いだされます。
　だからといって、神が人生の苦しい経験のすべてを直接、見境なく命じるとか、あらゆる苦しみの理由が神御自身にあるというわけではありません。
　しかし、いかなる試練も勝手にこの世に生じたのではありません。それは神の許しの下に、神の御手をもって痛みを伴う業を行います。こうしてそれらの試練は神の恵み深い贖いの業を果たすのです。

　主よ。あなたはわたしを究め、わたしを知っておられます。あなたはわたしの生涯のすべてに関わっておられます。あなたに感謝します。あなたは試練の時もそばにいてくださるからです。アーメン。

5月11日

熱烈な祈り

そこで、ヨハネは皆に向かって言った。「わたしはあなたたちに水で洗礼を授けるが、わたしよりも優れた方が来られる。わたしは、その方の履物のひもを解く値打ちもない。その方は、聖霊と火であなたたちに洗礼をお授けになる。」

(ルカによる福音書3・16)

　祈りは熱烈なものでなければなりません。熱心な祈りこそが実りをもたらします。人を祈らせるのは炎です。神は熱い心を持った僕を望みます。わたしたちは聖霊と火で洗礼を受けなければなりません。
　熱意は心の熱です。信仰がわたしたちを燃え立たせないのは、心が冷めているからです。神は炎の中に住まわれます。聖霊は火のように降ります。神の御心に心を奪われ、熱心に御心を果たそうとする態度は、実りをもたらす仕方で祈る信者のしるしです。

愛する神よ。あなたは御自身の言葉で約束してくださいました。「わたしはあなたに新しい心と新しい霊を与える」と。わたしがあなたにささげる祈りが力を持ち、変化をもたらしますように。アーメン。

5月12日

神の御手の下で

> 神を愛する者たち……には、
> 万事が益となるように
> 共に働くということを、
> わたしたちは知っています。
> （ローマの信徒への手紙 8・28）

　この聖書の言葉は何度も引用されますが、その深い意味が理解されることはほとんどありません。万事は神の御手の下で行われます。いかなる試練も、神の御手を超えることはありません。神と無関係な試練はありません。

　試練がどこから生じるにせよ、神は知恵に満ち、御手を差し伸べ、御自分の民のためになるように、これらの試練を通して御計画を実現されます。

父である神よ。万事はあなたを愛する者のために働くことを、わたしは知っております。あなたに感謝します。あなたは御自分の計画に従い、わたしのために思ってくださるからです。アーメン。

5月13日

試練の時

主は愛する者を鍛え、
子として受け入れる者を皆、
鞭打たれるからである。
(ヘブライ人への手紙 12・6)

　試練は神が人々を鍛えようとして行われる業です。それは人類が試される時、試練の時です。
　試練は必ずしも人を罰するために生じるのではありません。聖書はこれを「懲らしめ」と呼びます。厳密に言えば、罰はこの世の事柄ではありません。神は御自分の民を鍛えようと望まれます。鍛えるとは、神の人類に対する計画における矯正の過程です。
　だから人は試練の時に祈るのです。祈りは日々の生活のあらゆる部分で行われます。

父よ。あなたがわたしを鍛えられるのは、わたしに対するあなたの御計画における矯正の過程であることを悟らせてください。アーメン。

5月14日

誘惑、試み、試練

わたしの兄弟たち、いろいろな試練に出会うときは、
この上ない喜びと思いなさい。信仰が試されることで
忍耐が生じると、あなたがたは知っています。
（ヤコブの手紙 1・2-3）

　誘惑、試み、試練——この三つの言葉は、神が人間を鍛える業を述べるために用いられます。誘惑は、悪魔から生じることもあれば、人間の本性から生まれることもある、真の意味での悪です。

　試みは人を試します。それは、わたしたちが試みに遭いながらも、神と共にそれに打ち勝とうとするとき、わたしたちを試し、強めます。

　神の御手の下で与えられる試練は、神の恵み深い業を実現するための手段です。この業は、祈りの内に神を認め、神と共に働く人に関わります。

神よ。あなたに感謝します。あなたはわたしたちの生涯における試練を、あなたの恵み深い業の実現のために用いられるからです。そして、信仰が試されることで忍耐が生じるからです。アーメン。

5月15日

神の摂理

> 塵からは、災いは出てこない。
> 土からは、苦しみは生じない。
> それなのに、人間は生まれれば必ず苦しむ。
> 火花が必ず上に向かって飛ぶように。
> （ヨブ記 5・6-7）

　試練は偶然に生じるのでも、うっかり生じるのでもありません。このことを認めなければなりません。言うまでもなく、試練は神の御計画に属します。それは神が世界を統べ治める上での重要な手段です。

　このことを知るなら、聖書に書かれたことをもっとよく理解し、神が古代イスラエルに何を行ったのか、はっきりと分かるようになります。

　神が古代イスラエルに行ったことの内にわたしたちは神の摂理の歴史を見いだすのです。

全能の神よ。あなたがあなたの栄光のため、わたしたちの試練を用いて世において偉大な業を成し遂げることを、わたしは知っています。主よ、あなたに感謝します。アーメン。

5月16日

最も適切な事柄

「それから、わたしを呼ぶがよい。
苦難の日、わたしはお前を救おう。
そのことによって
お前はわたしの栄光を輝かすであろう。」

（詩編50・15）

　祈りをささげる主の聖なる人々にとって、ヨハネによる福音書は慰めとなります。イエス御自身が弟子たちにこう言われるからです。「わたしは、あなたがたをみなしごにはしておかない」（ヨハ14・18）。これらのことが言われたのは、試練の時に祈らなければならないことをわたしたちが悟るためです。

　試練の時、どうして祈るのでしょうか。祈りは試練の時に行うべき、最も適切な事柄です。祈りは試練の内に神を見いだします。

　祈りは試練のただ中で神の御手を見いだし、神に祈ります。試練の時に神に向かうことを知っている人は幸いです。

　神よ。人生の試練によってわたしが困窮するとき、あなたに向かって祈れるようにわたしをお助けください。あなたがわたしを救い出してくださるからです。アーメン。

5月17日

祈りは慰めをもたらす

卑しめられたのはわたしのために良いことでした。
わたしはあなたの掟を学ぶようになりました。

(詩編 119・71)

　試練の時の祈りは、慰め、助け、希望、祝福をもたらします。これによって、たとえ試練がなくなることはなくても、聖なる人は試練によりよく対処し、神の御心に従うことができるようになります。

　祈りは人の目を開いて、試練の内に神の御手を見いだせるようにします。祈りは神の摂理の意味を解き明かすのではありませんが、摂理を受け止め、摂理の内に神を見いだします。祈りは、摂理の内に神の知恵に満ちた御計画を見いだすことを可能にします。試練の中で祈ることは、わたしたちを不信仰から遠ざけ、疑いから救い出し、苦しみゆえに生じるすべてのむなしい問いからわたしたちを解放します。

　父よ。試練の中でも祈れるよう、わたしをお助けください。あなたの憐れみと恵みによって、疑いから救い出されますように。アーメン。

5月18日

さまざまな試練

「その日の苦労は、その日だけで十分である。」
（マタイによる福音書 6・34）

　ある種の試練は心の中だけに存在します。ある種の試練は杞憂にすぎません。別の種類の試練は過去のことで、それを心配するのは愚かなことです。現在の試練のみが、注意を向け、祈ることを必要とするものです。
　ある種の試練は自ら招き寄せたものです。その作者はわたしたちです。ある種の試練は意図せずに生じます。ある種の試練はわたしたちの無知から生じます。ある種の試練はわたしたちの不注意から生じます。
　これらすべてにもかかわらず、次のことは相変わらず真実です。わたしたちは試練のために祈らなければなりません。それゆえ、試練はわたしたちを祈りへと促します。

　全能の神よ。試練の時にわたしの目を開いてください。わたしがすべきなのは、御前で祈ることだけだと悟れますように。アーメン。

5月19日

祈りの領域を超えた事柄

わたしたちの一時の軽い艱難は、比べものにならないほど
重みのある永遠の栄光をもたらしてくれます。
（コリントの信徒への手紙二 4・17）

　ある種の試練は人間的な理由で生じたものです。これらの試練は二次的な原因から生じています。それは他の人から生じ、わたしたちがその被害に遭います。かつて他人から苦しめられたことのない人がいたでしょうか。しかし、こうした試練も神の摂理の秩序の中で生じることが許されています。そしてそのために祈ることができます。他の人のために生じたわたしたちの傷、過ち、困難のために、神に祈りをささげてはいけない理由があるでしょうか。それらは祈りの領域を超えた事柄でしょうか。祈りの方法の例外でしょうか。決してそんなことはありません。
　神はそれらすべての出来事の上に御手を差し伸べることができますし、また進んで御手を差し伸べます。そして祈りに答えてくださるのです。

　父である神よ。わたしはすべての自分の傷、過ち、困難のために、あなたに祈りをささげます。あなたに感謝します。あなたは、わたしの生涯の上に御手を差し伸べ、わたしの苦しみを癒やしてくださるからです。アーメン。

5月20日

すべてのものに神を見いだす

> 主は与え、主は奪う。主の御名はほめたたえられよ。
> （ヨブ記 1・21）

　試練がそこから生じるすべてのものを調べた結果、二つの重要なことが明らかになります。第一に、わたしたちの試練は、究極的には、主のものです。主はすべての試練の内におられます。また、主は、わたしたちが試練に押しつぶされ、傷ついているとき、わたしたちに心を寄せられます。

　第二に、わたしたちが試練に遭うとき——その試練がいかなることから生じたにせよ（わたし自身からであれ、人々からであれ、悪魔からであれ、また神御自身からであっても）——わたしたちはこの試練のために神に祈り、そこから霊的な善益を得ようと努めることが許されています。

愛する神よ。わたしは試練のただ中にあっても、御顔を仰ぎ見、御名をたたえたいと望みます。あなたの聖霊によってわたしを導いてください。アーメン。

5月21日

祈りは心を整える

> この貧しい人が呼び求める声を主は聞き
> 苦難から常に救ってくださった。
> （詩編 34・7）

　試練の時の祈りは、心を神の御心に完全に従うように導きます。そして、反抗心や批判精神から解放してくれます。祈りはわたしたちのためになるような仕方で試練を聖化するのです。

　わたしたちを鍛える神の御手の下で、祈りは心を整えて、柔和にします。

　祈りは、試練の時に、神がわたしたちと共に、わたしたちの内で自由に働くことを可能にします。祈りはわたしたちの重荷を軽くし、わたしたちに最善のものをもたらします。

　祈りは、神の僕——すなわち試練——が、わたしたちの内で、わたしたちと共に、わたしたちのためにその使命を果たすことを可能にするのです。

愛する父よ。わたしを助けてください。わたしの祈りによって、試練の時に、あなたがわたしと共に、わたしの内で自由に働くことができるようになることを悟ることができますように。アーメン。

5月22日

積極的な心

「彼はわたしを慕う者だから　彼を災いから逃れさせよう。
わたしの名を知る者だから、彼を高く上げよう。
彼がわたしを呼び求めるとき、彼に答え
苦難の襲うとき、彼と共にいて助け　彼に名誉を与えよう。」
(詩編91・14-15)

　試練の目的は、常に、神の御心の内にある善です。試練がその使命を果たせないとすれば、それは祈りの不足か、不信仰か、その両方のせいです。試練が善となるか悪となるかは、常に、それを受け取る人の心によって決まります。

　試練は祝福にもなれば、呪いにもなります。それはわたしたちがその試練をどう受け止めるかにかかっています。試練はわたしたちを柔和にもかたくなにもします。わたしたちを祈らせ、神へと導くこともあれば、神から遠ざけることもあります。

　太陽は蠟を溶かすこともできますし、粘土を固くすることもできます。太陽は氷を解かすこともできれば、地上の水を干上がらせることもできるのです。

愛する神よ。わたしに積極的な心をお与えください。試練の善い結果を見いだすことができますように。わたしの試練が呪いではなく祝福となりますように。イエスの御名によって祈ります。アーメン。

5月23日

神の約束

これによって、わたしを試してみよと万軍の主は言われる。
(マラキ書 3・10)

　神の大いなる約束は祈りを通じて実現します。
　このことに関連して、注意しなければならないことがあります。それは、神の約束は常に一人一人に対する特定のものだということです。約束は人々に関わります。一人一人の信者が約束は自分に向けられたものだと言うことができます。神は一人一人の人と関わります。だから、すべての人は約束を試すことができるのです。
　聖なる人は、その祈りにおいて、手を神の約束の上に置く権利を持っています。彼は、約束が自分のためのものであり、現在と未来に自分が必要とすることに関わるものだと言うことができるのです。

全能の神よ。わたしはあなたが御言葉を通して示された約束を、今日、自分のためのものとします。あなたに感謝します。あなたは常に約束を守ってくださるからです。アーメン。

5月24日

約束されたメシア

「あなたの願いは聞き入れられた。」
（ルカによる福音書1・13）

　神は預言者たちを通して、来るべきメシアに先立つ者を約束されました。どれほど多くのイスラエルの家族と胎がこの大いなる誉れを待望したことでしょうか。
　ザカリアとエリサベトだけが、祈りを通して、この偉大な名誉と祝福を与えられたことを悟りました。
　その時、預言者たちによって語られたとおり、主の御言葉と、ザカリアとその妻の祈りが、不妊の胎と子どものいないザカリアとエリサベト夫婦に洗礼者ヨハネをもたらしたのです。

愛する父よ。あなたに感謝します。あなたは常に約束を守ってくださるからです。アーメン。

5月25日

約束を実現する

兄弟たち、わたしたちの主イエス・キリストによって、
また、〝霊〟が与えてくださる愛によってお願いします。
どうか、わたしのために、
わたしと一緒に神に熱心に祈ってください。
(ローマの信徒への手紙 15・30)

　パウロはこの約束をどのようにして実現したでしょうか。ここにその答えがあります。パウロは、キリストにおける兄弟に、自分のために祈ってくれるように願ったのです。
　兄弟の祈りは、パウロ自身の祈りと共に、パウロの出発、安全、使徒としての約束が完全に果たされることを保証しました。
　これらすべてのことは、神の言葉と祈りによって祝福され、実現されます。神の約束は、命を与える深く広い川としてわたしたちの心にまで達します。

　父よ。あなたは、わたしたちが他の信者と共にあなたの約束を実現することを望まれます。わたしを導いてください。友である信者に、わたしのために祈ってくださいと頼めますように。アーメン。

5月26日

神は何事をも中途半端に与えることがない

「その日には、あなたがたはもはや、わたしに何も尋ねない。はっきり言っておく。あなたがたがわたしの名によって何かを父に願うならば、父はお与えになる。……願いなさい。そうすれば与えられ、あなたがたは喜びで満たされる。」

(ヨハネによる福音書 16・23-24)

　神はわたしたちの祈りを通して、御自身の御言葉によって、わたしたちに御自分を与えられます。御言葉は祈りの基盤であり、霊感の源であり、中心です。

　イエス・キリストは神の言葉を示されます。イエス・キリスト御自身が、約束され、実現された、限りない慈しみです。神は何事をも中途半端に受け取りません。何事をも中途半端に与えません。神はわたしたちのすべてを受け取り、御自身のすべてをわたしたちに与えられます。このような約束は何度も聞かされているもので、わたしたちはその意味を悟りません。そのためわたしたちは、求め、与えられる代わりに、驚く心を失い、手にも心にも何も与えられることがないのです。

愛する神よ。あなたは御自身のすべてをわたしたちに与えられます。あなたは何事をも中途半端に与えません。わたしは自分のすべてをあなたにささげたいと望みます。アーメン。

5月27日

一つ一つの祈りに対する答え

「わたしを呼べ。わたしはあなたに答え……る。」
（エレミヤ書33・3）

　父である神と御子イエス・キリストは、真理の御言葉と、父と子の深い一致により、力強く祈りに答えてくださいます。
　このことは、すべての約束と共に、神が祈りに答えてくださることを保証するだけではありません。それは神が一つ一つの祈りに対しても答えを与えてくださることを示すのです。
　主は教えられます。わたしたちは願うことを何でも与えられると。パンを求めるなら、パンが与えられます。卵を求めるなら、卵が与えられます。神が与えてくださるのは、悪い物ではなく、良い物です。

　全能の神よ。あなたに感謝します。あなたはわたしたちが願うことに従って、一つ一つの祈りに答えてくださるからです。アーメン。

5月28日

憐れみ深い救い主

この大祭司は……罪を犯されなかったが、
あらゆる点において、
わたしたちと同様に試練に遭われたのです。
（ヘブライ人への手紙 4・15）

　イエス・キリストは完全な仕方で人間です。彼は神として神の子でありながら、同時に、人間としても神の子なのです。
　だから主は憐れみ深い救い主であることができるのです。苦しみを感じ、暗闇を理解することは罪ではありません。苦しみ、見捨てられたときに叫び声を上げるのは、人間的なことにすぎないからです。
　唯一の導きの星を持つことで、わたしたちはどれほど力強く神の栄光へと導かれることでしょう。

　主である神よ。あなたに感謝します。あなたは地上の旅路で日々、誘惑をお受けになったがゆえに、わたしたちの苦難を完全に理解してくださるからです。あなたを導きの星として仰ぎ見ます。アーメン。

5月29日

わたしたちの天の父

「このように、あなたがたは悪い者でありながらも、
自分の子供には良い物を与えることを知っている。
まして、あなたがたの天の父は、
求める者に良い物をくださるにちがいない。」
（マタイによる福音書7・11）

　地上の親は、求められれば与え、子どもが泣けば答えます。祈りへの励ましは、地上の父親からわたしたちの天の父へ、すなわち、弱い者から全能の方へと向かいます。わたしたちの天の父は最高の父なのです。
　わたしたちの天の父は、わたしたちの地上の父親よりも多くわたしたちの必要に答えます。わたしたちがどんな困難な務めも果たし、すべての律法を行うことをも可能にします。たとえこのような業を行うことがわたしたちの肉体にとっては困難でも、わたしたちの父である神の変わることのない助けによって、それは容易になるのです。

愛する父である神よ。あなたは神として完全な父の姿を示されます。わたしが必要とするすべてのことに答えてくださるあなたに感謝します。アーメン。

5月30日

偽ることのない神

これは永遠の命の希望に基づくもので、
偽ることのない神は、
永遠の昔にこの命を約束してくださいました。
（テトスへの手紙 1・2）

　神ははっきりとこう言われます。わたしの約束を実現するのに、何の制限も障害もないと。人間がすべきなのは、神の答えを待ち望むことです。答えに対する期待に力づけられ、つつましい大胆さをもって答えを求めることです。
　偽ることのない神は、答えずにはいられません。聖書に記された神の民は、揺るぐことのない信仰をもって、確信していました。神は自分たちに対する御自分の約束を実現してくださると。彼らは神の言葉に依り頼みました。
　だから、神の民の歴史には、彼らが繰り返し願い求め、神の手から与えられたことが記されているのです。

　主である神よ。あなたが約束を実現するのに、何の制限も障害もないことを、わたしは知っております。あなたは真実な方です。あなたの御名をたたえます。アーメン。

5月31日

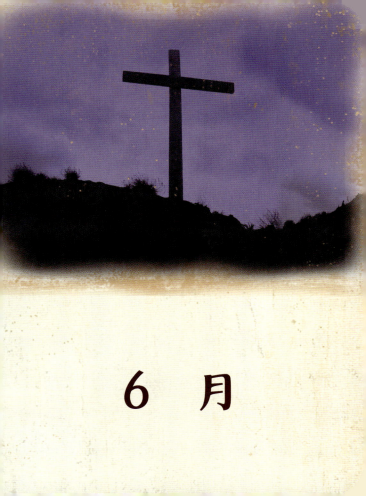

6月

たゆまずに待ち望みなさい

イエスは、気を落とさずに
絶えず祈らなければならないことを教えるために、
弟子たちにたとえを話された。
(ルカによる福音書 18・1)

　このたとえが話されたのは、人々に気を落とさずに祈るように勧めるためでした。主は怠りに注意しながら、粘り強く祈るように、教え、励まします。
　粘り強い祈りは、魂の神へと向かう力強い態度です。それはたゆまずに待ち望む力です。不断の望み、静かな忍耐、たゆむことのない力が、そこには含まれます。
　それは単調な繰り返しではなく、魂の熱意です。どちらでもよいものではなく、絶対に必要なことです。

愛する父よ。祈りにおける失望からわたしをお救いください。粘り強さと、たゆまずに待ち望むことをお教えください。
アーメン。

6月1日

祈りの戦い

正しい人の祈りは、大きな力があり、効果をもたらします。
（ヤコブの手紙 5・16）

　粘り強い祈りの戦いは、暴力や肉体的な努力のことではありません。この力は内的で、聖霊によって与えられます。実際、それはわたしたちの内で行われる神の霊の執り成しです。
　神の霊はわたしたちの内に神御自身の力を与えてくださいます。これが、祝福が与えられるまで祈り続けるようにわたしたちを促す、粘り強さの本質です。
　祈りの戦いは騒々しいものではありませんが、強固で揺るぎません。もしもこの力が目に見える形で示されないなら、沈黙しているためです。

愛する神よ。あなたに感謝します。あなたの聖霊はわたしたちが祈りの戦いの中にあるとき、わたしたちのために執り成してくださるからです。アーメン。

6月2日

苦難と苦しみと災い

「あなたがたには世で苦難がある。
しかし、勇気を出しなさい。
わたしは既に世に勝っている。」
（ヨハネによる福音書 16・33）

　新約聖書では試練を表すのに三つの言葉が用いられます。苦難と苦しみと災いです。これらの言葉はそれぞれ異なりますが、みな、試練について語ります。
　主は弟子たちにこう語りました。この世では苦難が待ち受けている。苦難はこの世に属する。苦難から逃れることはできず、安楽な寝床で生涯を過ごすこともできないと。
　これは学ぶことの難しい教えです。しかし、わたしたちは勇気を出すことができます。神は世に勝っているからです。わたしたちは神によって勝利を得るからです。

　主よ。あなたの御名はわたしの喜びです。さまざまな試練に遭っても、あなたが守ってくださることを信じています。あなたはすでにこの世に勝っておられるからです。アーメン。

6月3日

絶えず祈ること

いつも喜んでいなさい。絶えず祈りなさい。
どんなことにも感謝しなさい。これこそ、キリスト・イエスに
おいて、神があなたがたに望んでおられることです。
（テサロニケの信徒への手紙一 5・16-18）

　神の子らの姿を何よりも示すものは、祈りです。祈りこそが、キリスト者であるかどうかを試す、まごうことなきしるしです。しかし、キリスト者も、絶えず祈ることを学ばなければなりません。祈りは習慣とならなければなりません。しかし、それはまた、習慣以上のものでなければなりません。
　祈りは務めです。それも言葉の通常の意味を超えた務めです。祈りは神との関係を表します。神との交わりへの望みです。
　祈りは魂がその起源へと戻る道です。それは魂の起源について語ります。人間が永遠なる方の子であることを示すのです。

　全能の神よ。わたしはあなたへの祈りによって、あなたの子であることを示したいと望みます。わたしの魂は、日々、御前に行くことをあこがれます。アーメン。

6月4日

希望の地平

「この白い衣を着た者たちは、だれか。また、どこから来たのか。」……長老はまた、わたしに言った。「彼らは大きな苦難を通って来た者で、その衣を小羊の血で洗って白くしたのである。……神が彼らの目から涙をことごとく ぬぐわれるからである。」　　　　　　　　　　　（ヨハネの黙示録7・13-14, 17）

　試練は地上から離れ、天に至る望みをわたしたちの内に生み出します。天には試練がないからです。苦難の道はわたしたちを世へと導きます。
　苦難と苦難の中にある人々について語るヨハネの言葉に耳を傾けようではありませんか。大きな試練を受け、悲惨な経験によって魂を打ち砕かれた神の子よ。喜びなさい。
　神はあなたがたのすべての試練の中におられます。忍耐と従順のうちに、絶えず祈りなさい。

　父である神よ。わたしはこの世で苦しみを味わっています。忍耐と従順のうちに祈れるように、わたしをお助けください。あなたはわたしのすべての試練の中におられるからです。主よ、感謝します。アーメン。

6月5日

粘り強く祈ること

> 信仰が試されることで忍耐が生じると、
> あなたがたは知っています。
> （ヤコブの手紙 1・3）

　粘り強く祈るとは、忍耐をもって神に望みをかけることです。神がわたしたちの叫びに答えてくださるまで、勇気をもって祈ることです。
　神と内的な関係を持っている人は、祈りの内に神に近づくことのできる恵みを感謝します。
　神を動かすことのできる祈りは、熱心で正しい人からほとばしり出る祈りです。炎のような祈りです。
　この炎は、弱々しく揺らめく炎でも、瞬間的な火花でもなく、力強く変わることのない輝きです。

　愛する神よ。どうかわたしの祈りが聞き入れられますように。あなたの力強く変わることのない輝きでわたしを燃え立たせてください。わたしの祈りがあなたをたたえることができますように。アーメン。

6月6日

モーセとエリヤとイエス

イエスは、気を落とさずに
絶えず祈らなければならないことを教えるために、
弟子たちにたとえを話された。
（ルカによる福音書 18・1）

　モーセは神が怒りを鎮めてくださるように、四十日四十夜、祈りました。モーセの模範は、この暗い現代の信仰者への励ましとなります。
　エリヤは雲が現れるまで、七回祈りました。
　聖なる救い主は、地上での生涯において、幾晩も祈りました。主はゲツセマネで、同じ願いを、従順に粘り強く、三度ささげました。そのために主は魂を尽くし、涙と血の汗を流しました。
　イエスの勝利はすべて、粘り強い祈りによってもたらされました。イエスはその模範を通して、絶えず祈ることの大切さを教えました。

愛する父よ。昼も夜も気を落とさずに祈る、イエスの模範を示してくださったあなたに感謝します。アーメン。

6月7日

神は豊かに報いてくださる

それから、主は言われた。「この不正な裁判官の言いぐさを聞きなさい。まして神は、昼も夜も叫び求めている選ばれた人たちのために裁きを行わずに、彼らをいつまでもほうっておかれることがあろうか。言っておくが、神は速やかに裁いてくださる。しかし、人の子が来るとき、果たして地上に信仰を見いだすだろうか。」　　　　　　　　　　　　　　（ルカによる福音書18・6-8）

　願いをささげなければ、祈ったことになりません。心から祈らなければ祈りは天に届かず、聞き入れられることもありません。神は、御自分の民が昼も夜も叫び声を上げるのを辛抱強く待っておられます。神は、この不正な裁判官の何千倍も、御自分の民の願いに心を動かされます。
　粘り強く祈り、聞き入れられることを待ち望む人間の力は限界がありますが、答えは豊かに与えられます。神は、祈りをささげる子らの信仰に目を留めます。粘り強く祈り、叫び続ける信仰をほめます。だから神はこのような信仰を強め、豊かに報いてくださるのです。

6月8日

主よ。あなたに感謝します。あなたは粘り強い祈りに豊かに報いてくださるからです。あなたに感謝します。あなたは、祈りをささげるわたしの信仰に目を留めてくださるからです。アーメン。

粘り強い祈りがもたらす実り

「主よ、どうかお助けください。」
（マタイによる福音書 15・25）

　娘のためにイエスのところに来たカナンの女は、粘り強い祈りが実りをもたらすことのはっきりとした実例です。この実例は、実りをもたらすために祈るすべての人を力づけます。女は心から祈りました。

　イエスは初めは女の苦しみを気に留めず、助けを求める声に耳を傾けなかったかのように見えます。すると女はイエスに近づき、祈りを中断して、イエスの足元にひれ伏します。女はイエスにぬかずきながら、娘の病気のことを知らせます。

　この最後の叫びが聞き入れられたのです。娘はその時癒やされました。

　カナンの女は、希望をもって、倦むことなく、師である方のもとにとどまりました。そして、答えが得られるまで、粘り強く祈りました。これこそが粘り強い祈りの模範です。

全能の神よ。わたしはカナンの女のように粘り強く祈りたいと望みます。わたしはぬかずいて自分の願いをあなたに示します。アーメン。

6月9日

粘り強い信仰

「婦人よ、あなたの信仰は立派だ。
あなたの願いどおりになるように。」
（マタイによる福音書 15・28）

　カナンの女は、その粘り強い信仰と、霊的な知恵を示します。師である方はシドンの地方に行きました。そのためにこの話はすべての時代に知られるようになりました。粘り強い祈り以上に実りをもたらす願いはありません。そして、神が進んで耳を傾けられない祈りはありません。
　悲しみにひしがれた母親は、粘り強く願いました。この願いは、救い主を怒らせるどころか、喜ばしい驚きの言葉を引き出すことになったのです。

愛する主である神よ。わたしの信仰を増し、わたしが粘り強く祈れるようにお助けください。アーメン。

6月10日

苦しみ

現在の苦しみは、将来わたしたちに現されるはずの
栄光に比べると、取るに足りないとわたしは思います。
（ローマの信徒への手紙 8・18）

　パウロは「苦しみ」という言葉を用いて、人生の試練について述べています。この慰めに満ちた箇所で、パウロは地上での試練と天上における終わりの日の栄光を比べます。この栄光は、最後まで粘り強く耐え忍ぶすべての人に報いとして与えられます。
　さらにパウロは、この世で神の民に降りかかる災いについて語ります。しかし彼は、将来の栄光に比べれば、この災いの苦しみが取るに足りないものだと考えます。この栄光は、試練のうちにあって従順と忍耐と忠実を保つすべての人に与えられるのです。

神よ。わたしを忍耐強く忠実な僕にしてください。あなたの栄光がわたしにも現されますように。アーメン。

6月11日

災い

> わたしたちの一時の軽い艱難は、比べものにならないほど
> 重みのある永遠の栄光をもたらしてくれます。
> （コリントの信徒への手紙二 4・17）

　災いは、わたしたちが祈りながら神と共に働くとき、初めてわたしたちのためになります。神は祈りを通じて御自身の計画を実現されます。神の摂理は、その民が祈るときに実現します。神の民は、試練が神の計画のために役立つこと、神が、自分たちの神との関係を強めるために、試練をも用いられることを知っているのです。

　試練の恵みは、祈りのうちに神に向かう人々に与えられます。実際、試練を忍耐強く耐え忍ぶ唯一の方法は、絶えず祈ることです。

　祈りの学び舎とは、忍耐を学び、実践する場なのです。

全能の神よ。わたしは試練から学びたいと望みます。わたしはあなたに祈り、ぬかずきます。アーメン。

6月12日

恵みの連鎖

苦難をも誇りとします。わたしたちは知っているのです、苦難は忍耐を、忍耐は練達を、練達は希望を生むということを。希望はわたしたちを欺くことがありません。わたしたちに与えられた聖霊によって、神の愛がわたしたちの心に注がれているからです。
（ローマの信徒への手紙 5・3-5）

　祈りはわたしたちを恵みの状態へと導きます。そのとき、わたしたちは単に苦しみを耐え忍ぶだけでなく、苦しみを喜ぶことができます。苦難から恵みの連鎖が流れ出るのです。
　苦難の炉の中で、信仰と忍耐が試されます。そこから、豊かな諸徳がキリスト者の姿を築き上げます。
　深い河を渡っているときにこそ、神は、御自身が、祈りと信仰を守る聖なる人々のそばにいてくださることを示すのです。

父よ。あなたに感謝します。あなたは、わたしたちがあなたを最も必要とするときに、そばにいてくださるからです。深い河を渡っているとき、あなたはわたしたちのそばにいてくださいます。アーメン。

6月13日

魂を形づくる

だから、わたしたちは落胆しません。
たとえわたしたちの「外なる人」は衰えていくとしても、
わたしたちの「内なる人」は日々新たにされていきます。
(コリントの信徒への手紙二 4・16)

　祈りは、魂を神の像に似せて形づくるために役立ちます。それは、魂が神体験を豊かにし、広げ、深めるために役立ちます。
　祈らない人は、キリスト者と呼ばれることができません。
　祈りは、キリストの霊と力のすべての源である方との交わりへと魂を導く、唯一の道です。だから、祈らない人は、信仰の家族の一員となりえないのです。

愛する神よ。あなたに感謝します。あなたはわたしを祈りを通じてあなたとの交わりに導き入れてくださったからです。アーメン。

6月14日

神の知恵に満ちた御計画

希望をもって喜び、苦難を耐え忍び、たゆまず祈りなさい。
（ローマの信徒への手紙 12・12）

　神が御自分の民と関わる究極目的は、彼らのキリスト者としての特徴を成長させることです。神はわたしたちを御自分に似た者とすることを望まれます。神はわたしたちの内に忍耐と柔和と御心への従順の心を造りたいと望まれます。神はわたしたちが祈りを通してすべてのことを御自身に示すことを望まれるのです。
　あらゆる試練はこの目的のために存在します。
　試練は、偶然的な出来事ではなく、知恵に満ちた方の計画の下にあります。神は試練を通じてわたしたちを御自分に引き寄せるのです。

　主よ。あなたが苦しみを通してわたしを形づくってくださることを知っております。いつも喜び、苦難を耐え忍べるように、わたしをお助けください。アーメン。

6月15日

試練は注意を引きつける

「そこで、彼は我に返って言った。
『父のところでは、あんなに大勢の雇い人に、有り余るほど
パンがあるのに、わたしはここで飢え死にしそうだ。』」
（ルカによる福音書 15・17）

　祈りの射程が広いのと同じように、試練の目的もさまざまです。試練は、注意を引きつけ、慌ただしい生活の中で人々を立ち止まらせるために用いられることがあります。
　放蕩息子は、生活がうまくいっていたときは、一人で満足していました。しかし、金銭も友人も失ったとき、父の家に帰る決心をします。
　神のことを忘れていた多くの人は、試練を通じて立ち止まり、自分の歩む道を顧み、神のことを思い起こして祈るように導かれます。人々の生活の中でこのような仕方で働く試練は幸いです。

愛する神よ。わたしの試練をお用いください。これらの試練を通して、わたしが自分の歩む道を顧み、祈りに立ち帰り、あなただけに目を注ぐようになりますように。アーメン。

6月16日

祈りの力

> 口を広く開けよ、わたしはそれを満たそう。
> （詩編 81・11）

　祈りの力はなんと大きいことでしょうか。祈りは全能の神に手を伸ばし、祈らなければありえなかったことを神が行ってくださるように仕向けるのです。

　祈りは、神が御自分の民の手に委ねた驚くべき力です。神はこの力を用いて、偉大な御計画を実現し、特別なことを成し遂げられます。

　祈りはすべてのことに及びます。神が御自分の子らに約束された大小のすべての事柄に関わります。

　父よ。あなたに感謝します。あなたがわたしたちの手に委ねられた祈りの力の大きさのゆえに。アーメン。

6月17日

祈りはその力を自ら証明する

> 「この方の御心を行おうとする者は、
> わたしの教えが神から出たものか、
> わたしが勝手に話しているのか、分かるはずである。」
> （ヨハネによる福音書 7・17）

これまでに示された祈りの働きは、信仰の励ましとなります。

祈りは誰も実行したことのない、単なる理論ではありません。祈りは神が与えてくださった力です。祈りは人類のための神の御計画の一部です。神が地上で業を成し遂げるための手段です。贖いと摂理によって神の恵みに満ちた御計画を実現させます。祈りはその力を自ら証明します。祈りは祈る人を通してその力を示すことができます。祈りは、それがもたらす実り以外にその力を証明するものを必要としません。

祈りの力、祈りがもたらしうるものを知りたいなら、祈ればよいのです。祈って、証明すればよいのです。

愛する主である神よ。あなたに感謝します。祈りは誰も実行したことのない、単なる理論ではありません。祈りはわたしたちのために神が与えてくださった力です。あなたの栄光のためにあなたの御計画を地上で実現します。アーメン。

6月18日

神に対して燃え立つ魂

わたしたちのためにも祈ってください。
神が御言葉のために門を開いてくださ……るように。
（コロサイの信徒への手紙 4・3）

　祈りの力はなんと大きいことでしょうか。この恵み深い手段によってどれほど偉大なことが成し遂げられることでしょうか。祈りは、神と人に対して燃え立つ魂の息吹です。
　祈りは福音宣教のためにさまざまな可能性を与えます。祈りは新たな仕方で神が業を行ってくださるように仕向けます。祈りは偉大な力を与えるだけでなく、あなたがたが福音を広めるための助けとなります。
　祈りは福音を速やかに広めます。福音は神の力により、聖なる速やかさをもって広まるのです。

　神よ。わたしは知っています。わたしが祈りによって扉を開くと、聖霊がその力ある業をもって福音を広めてくださることを。倦むことなく祈れるように、わたしをお助けください。アーメン。

6月19日

福音を広めなさい

兄弟たち、わたしたちのために祈ってください。
主の言葉が……速やかに宣べ伝えられ、
あがめられるように。
（テサロニケの信徒への手紙二 3・1）

　福音はゆっくりと歩みます。それもしばしばおずおずと、弱々しい足取りで歩みます。競技場を走る人のように、福音を速やかに走らせるものは何でしょうか。答えはお分かりだと思います。
　祈ること、それも、もっと祈ることによって、それは可能です。この恵みに満ちた手段は、福音に速さと輝きと聖性を与えます。祈りの力はすべてのものに及びます。
　人間の善に関わること、地上に住む人に対する神の御計画に関わることであれば、すべてが祈りの対象です。

　愛する父である神よ。あなたの福音が速やかにすべての民に届くための助けとなることをわたしは望みます。あなたの霊によってわたしを導いてください。いつも、すべてのことについて祈れますように。アーメン。

6月20日

何でも……

「わたしの名によって願うことは、
何でもかなえてあげよう。こうして、父は子によって
栄光をお受けになる。わたしの名によってわたしに
何かを願うならば、わたしがかなえてあげよう。」

(ヨハネによる福音書 14・13-14)

　「願うことは、何でも」は、祈る神の民に関わるすべてのことを含みます。この「何でも」は、祈りについても言うことができます。「何でも」という言葉に限界を設けることができるでしょうか。
　「何でも」という言葉の限界を定義し、明らかにしてみてください。「何でも」がすべてのことを含まなければ、それを「いかなることでも」と置き換えてみてもかまいません。
　祈りの力を言い尽くすことはできません。誰が祈りの力を悟り、それを測ることができるでしょうか。

愛する神よ。あなたに感謝します。わたしは何でもあなたに祈ることができるからです。アーメン。

6月21日

もっと祈りなさい

「はっきり言っておく。あなたがたがわたしの名によって
何かを父に願うならば、父はお与えになる。」
(ヨハネによる福音書 16・23)

　これは、もっと祈るようにとの主の勧めをよく表す言葉です。主は大きなことを願うようにわたしたちを促します。この言葉の真剣さは、「はっきり言っておく」という言葉によって示されています。
　なぜこの言葉が主と弟子たちの最後の会話の中に記されているのでしょうか。答えはこれです。主は弟子たちを新しい御計画に向けて準備しようと望まれました。この御計画において、祈りは驚くべき実りをもたらします。また祈りは、主の福音を広めるための主要な手段となるのです。

　父である神よ。わたしのあなたへの祈りが福音を広めるために役立ちますように。祈るとき、わたしを導いてください。あなたの御名がたたえられますように。アーメン。

6月22日

祈りの実

「あなたがたがわたしを選んだのではない。わたしがあなたがたを選んだ。あなたがたが出かけて行って実を結び、その実が残るようにと、また、わたしの名によって父に願うものは何でも与えられるようにと、わたしがあなたがたを任命したのである。」
（ヨハネによる福音書 15・16）

　主は弟子たちに向けて言われます。わたしがあなたがたを選んだのは、あなたがたが実を結ぶためだと。こうして主は、祈り、実を結ぶことが、わたしたちの選択に委ねられているのではないことを教えられます。主はわたしたちの祈りについて言っておられます。主はわたしたちを御自分のものとしてお選びになりました。だから、主が望まれるのはただ一つ、わたしたちが祈ること、それもよく祈ることなのです。

　主がわたしたちを御自分の弟子として選ばれたこと、わたしたちの友となってくださったことの主な目的は、わたしたちが祈りの実を結ぶにふさわしい者となることなのです。

神よ。あなたはわたしを御自分の聖なる者としてお選びになりました。わたしはあなたが望まれることを果たしたいと望みます。それは、祈ること、よく祈ることです。アーメン。

6月23日

神は祈りに答えてくださる

「信じる者には何でもできる。」
（マルコによる福音書 9・23）

　神は祈りに答えてくださいます――わたしたちは確信をもってこう言うことができます。真の意味で祈るなら、神はいかなる祈りにも耳を傾け、答えてくださいます。このことは真か偽かのいずれかです。偽であるなら、祈りには何の意味もありません。祈りは決まった言葉の繰り返しにすぎないことになります。

　しかし、聖書の言葉が真実なら、祈りには大きな力があることになります。祈りがもたらすものは計り知れないことになります。

　ですから、次のことは真実です。祈りを全能の神にささげることが可能です。そして、この神に偉大で驚くべきことをしていただくことが可能です。

全能の父よ。わたしは信じます。あなたを信じる者には何でもできます。あなたに感謝します。わたしたちの祈りによって、あなたは偉大なことをしてくださるからです。アーメン。

6月24日

祈りは世界を動かすことができる

「何事につけ、……求めているものを神に打ち明けなさい。」
（フィリピの信徒への手紙 4・6）

　祈りは直接、神にささげられます。祈りは祝福をもたらし、人々を幸福にします。なぜなら、祈りは神の耳に届くからです。
　祈りは神に影響を及ぼすことによって、人々に影響を及ぼします。祈りは人々を動かします。なぜなら、祈りは、人々を動かすように、神を動かすからです。祈りは、世界を動かす御手を動かすのです。
　祈りの力はほとんど知られていません。真に祈る人に対する神の約束は偉大なものです。神が祈る人の手に御自身を委ねると、信仰がかき立てられ、わたしたちは驚きに満たされるのです。

　愛する主である神よ。あなたに感謝します。わたしたちの祈りは祝福をもたらし、人々を幸福にします。なぜなら、祈りはあなたの耳に届くからです。アーメン。

6月25日

神は言葉どおりのことを言われる

これは永遠の命の希望に基づくもので、
偽ることのない神は、
永遠の昔にこの命を約束してくださいました。
（テトスへの手紙 1・2）

　次のことを心に留め、決して一瞬たりとも疑ってはなりません。神は約束された言葉どおりのことを言っておられます。神の約束は神御自身の言葉です。
　残念ながらわたしたちは祈りの中で自分を完全に言い表すことがありません。祈りの力を保証するのは聖霊の恵みの力です。しかし、祈りは極めて貴いものであることが要求されます。そのため人々が神に祈り、願いをささげることは極めてまれなのです。

　愛する神よ。わたしたちの祈りの力を保証するのは、あなたの聖霊の恵みと憐れみと力です。主よ、あなたに感謝します。アーメン。

6月26日

祈りと信仰

「約束してくださったのは真実な方なのです……。」
（ヘブライ人への手紙 10・23）

　祈りの力は信仰の力です。祈りと信仰は双子です。二つを生かしているのは一つの心臓です。信仰は常に祈ります。祈りは常に信じます。信仰には話すための口が必要です。祈りは信仰の口です。信仰は受け入れることが必要です。祈りは、受け入れるために差し出された信仰の手です。
　祈りは上昇しなければなりません。信仰は祈りに高く飛ぶための翼を与えます。祈りは神と面会しなければなりません。信仰は扉と面会の機会を与えます。祈りは願います。信仰は願うことに手を差し伸べます。

　父である神よ。あなたへの信仰を通して、わたしは祈るように導かれます。祈りを通して、わたしは、あなたがわたしたちの願いも想像も超えて計り知れないことができることを信じます。アーメン。

6月27日

信仰生活の本質

「あなたがたにできないことは何もない。」
（マタイによる福音書 17・20）

　祈りは、してもしなくてもよいような、ささいなことではありません。祈りは単なるささやかな権利でもありません。それは極めて偉大なことをもたらす、大いなる特権です。祈らなければ、大きな損失が生じます。祈りはキリスト者の生活のささいな出来事ではないのです。

　生活は祈りの準備であり、またその結果です。祈りは信仰生活の本質にほかなりません。

　祈りは霊的生活の言語であるばかりではありません。それは霊的生活の本質を形成し、その真の内的性格を形づくります。

　神よ。あなたに感謝します。あなたは、祈りという、極めて偉大なことをもたらす、大いなる特権を与えてくださったからです。アーメン。

6月28日

油の注ぎの賜物

事実、あなたがたは、
恵みにより、信仰によって救われました。
このことは、自らの力によるのではなく、神の賜物です。
（エフェソの信徒への手紙 2・8）

　多くの会衆の心を動かすのは、油を注がれた説教者です。
　油の注ぎの賜物は、人間的な経験と、説教の両方に関わります。この賜物が、説教者を聖なる教師に造り変え、力強くキリストの真理を宣べ伝えさせるのです。
　油の注ぎは固定した賜物ではありません。それは条件付きの賜物です。油の注ぎは、祈りへの答えとして、神から直接もたらされます。祈ること、それもますます祈ることが、油の注ぎのために必要な代価です。
　粘り強く祈らなければ、長く置きすぎたマナのように、油の注ぎにも虫が食います。

愛する父よ。あなたの油の注ぎの賜物をお与えください。わたしは知っています。この賜物は、祈りへの答えとして、直接、あなたからもたらされることを。粘り強く祈れるように、わたしをお助けください。アーメン。

6月29日

慰め主

〝霊〟は、神の御心に従って、
聖なる者たちのために執り成してくださるからです。
（ローマの信徒への手紙 8・27）

　慰め主は山の上に降られるのではなく、人間の心のただ中に降られます。戦いに備えさせ、祈りの必要性を教えるためです。
　慰め主は、地が必要とすることを人の心に担わせ、人間の口に言葉にならない呻きを語らせます。
　聖霊は、力に満ちて祈るキリストです。聖霊は心の炎を鎮めますが、天への望みの炎をかき立てます。聖霊は、乳飲み子にするように、あらゆる利己心を鎮めて、御自身の祈りをもってわたしたちに祈らせてくださるのです。

　父よ。あなたに感謝します。あなたの霊は御心に従ってわたしたちのために執り成してくださるからです。わたしたちはなんと偉大な神に仕えていることでしょう。アーメン。

6月30日

7 月

祈りは神を動かす

また、弟子たちに言われた。「あなたがたのうちのだれかに友達がいて、真夜中にその人のところに行き、次のように言ったとしよう。『友よ、パンを三つ貸してください。旅行中の友達がわたしのところに立ち寄ったが、何も出すものがないのです。』」

(ルカによる福音書 11・5-6)

　キリストの教えが言いたいことはこれです――わたしの弟子は熱心に祈らなければならない。
　たとえの中では、ある人が真夜中に友達のところに行き、パンを求めます。この人は信頼をもってそうしたのでした。彼は何も得られずに帰ることができなかったからです。友達の拒絶はその人を驚かせました。友達だからといって答えてはもらえなかったのです。けれどもその人は断固たる決意をもって、なおも試したのでした。
　彼はそこにとどまり、扉が開くまで頼み続けました。こうして彼は、粘り強く願うことにより、普通に頼んだら無理なことでも聞き入れてもらえたのです。

愛する父よ。あなたに感謝します。あなたは御言葉により、粘り強く祈れば聞き入れられることを教えてくださったからです。アーメン。

7月1日

聖なる生活

すべての人との平和を、また聖なる生活を追い求めなさい。
聖なる生活を抜きにして、
だれも主を見ることはできません。
(ヘブライ人への手紙 12・14)

　残念ながら、わたしたちは内的なものを外的なものに置き換えています。教会においても、霊的な事柄よりも物質的な事柄のほうが進歩しています。
　なぜそうなるかというと、祈らなくなったからです。聖なる生活を送らなくなると、祈りもおろそかになります。口実を設けることは可能です。しかし、現代の教会活動において祈りが重視されていないことは明らかです。
　教会は祈る人を生み出していません。聖なる生活を重視しないためです。

愛する神よ。教会が再び聖なる生活を重視するようになりますように。あなたの栄光のために、教会が祈る人を生み出しますように。アーメン。

7月2日

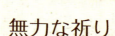

無力な祈り

主よ、御名を知る人はあなたに依り頼む。
あなたを尋ね求める人は見捨てられることがない。
（詩編9・11）

　粘り強い祈りは、神へと向かう心の熱意に満ちた内的な動きです。イザヤは神にすがる人がいないことを嘆きました。イザヤの時代にも多くの祈りがささげられていましたが、それは形式的な祈りでした。
　魂が神に力強く働きかけることはありませんでした。聖なる民が神に依り頼むこともありませんでした。力を尽くして神の恵みを乞い願うこともありませんでした。
　無力な祈りは、困難に打ち勝つことも、結果を生み出すことも、勝利を勝ち取ることもありません。神の恵みを得るには、力を尽くして願わなければならないのです。

愛する主である神よ。どうかわたしの祈りが力強いものとなりますように。わたしの祈りが心からあなたにささげられ、あなたをたたえるものとなりますように。アーメン。

7月3日

粘り強い祈りの力

> 終わりの日に
> 主の神殿の山は、山々の頭として堅く立ち
> どの峰よりも高くそびえる。
> 国々はこぞって大河のようにそこに向かい……。
> （イザヤ書2・2）

　イザヤは、信仰が深まり、真の祈りがささげられる日を待ち望みました。その日、わたしたちの祈りは霊的な思いに満ち、神の尽きることのない宝を願い求めます。

　粘り強い祈りは、決してためらうことも倦むこともありません。この祈りは決して失望することがありません。この祈りは、決して臆することがありません。失望することのない希望と、揺らぐことのない信仰に支えられているからです。

　粘り強い祈りは、忍耐強く待ち、祈り続ける力を持っています。決して自分から祈るのをやめず、むしろ答えが与えられるまでひざまずき続けます。

全能の神よ。祈りが聞き入れられるまで、祈り続けさせてください。主よ、あなたに感謝します。アーメン。

7月4日

求めなさい。探しなさい。たたきなさい

「求めなさい。そうすれば、与えられる。
探しなさい。そうすれば、見つかる。
門をたたきなさい。そうすれば、開かれる。」
（マタイによる福音書7・7）

　主が祈りに関して求めておられるのは、まさにこのことです。この要求が言おうとしているのはこれです。すなわち、真の祈りは、聞き入れられるまで、待ち、ますます力を尽くさなければならないということです。
　イエスはこの「求めなさい。探しなさい。たたきなさい」という三つの言葉で、それもこの順番で、粘り強く祈るよう促します。求め、探し、たたくことは、実りをもたらす祈りの梯子の段階です。
　粘り強く待ち望むこと以上に、キリストが、祈りが実りをもたらすものとなるために強調した点はありません。

　父である神よ。粘り強く待ち望みながら祈らせてください。求め、探し、たたきながら祈るわたしをお導きください。アーメン。

7月5日

祈り続けなさい

イエスがそこからお出かけになると、二人の盲人が叫んで、
「ダビデの子よ、わたしたちを憐れんでください」
と言いながらついて来た。
(マタイによる福音書9・27)

　キリストが最も重視した祈りの特徴は、揺るぐことのない勇気と、どこまでも祈り求めることです。
　たとえ神がすぐに祈りを聞き入れてくださらない場合にも、祈り続けなければなりません。マタイによる福音書には盲人の癒やしに関する最初の記録が示されています。主はついて来る人の言うことをすぐには聞かなかったように見えます。それでも二人の盲人は願い続けました。主はお答えになることなく、家に入りました。
　二人は主について行き、ついに目が見えるようになったのです。

全能の神よ。どうか祈りが聞き入れられるまで、勇気をもって最後まで祈ることができますように。アーメン。

7月6日

盲人バルティマイ

ナザレのイエスだと聞くと、叫んで、
「ダビデの子イエスよ、
わたしを憐れんでください」と言い始めた。
(マルコによる福音書 10・47)

　盲人バルティマイの記事は多くの点で注目すべきものです。
　イエスは初め、彼の言うことをお聞きにならなかったように見えます。群衆はバルティマイが声を上げるのを叱りつけました。主が一見したところ彼を気にも留めず、群衆がいらいらして叱りつけたにもかかわらず、盲人の物乞いは叫び続けました。彼がますます叫んだので、ついにイエスは彼に向かいます。
　ついには群衆もイエスも盲人に耳を傾けます。彼は勝ったのです。彼の粘り強さが、生半可な呼びかけでは不可能だったことを成し遂げたのです。

愛する主よ。罪人であるわたしを憐れんでください。イエスの御名によってお願いします。アーメン。

7月7日

粘り強く祈らなければならない

いつもの場所に来ると、イエスは弟子たちに、
「誘惑に陥らないように祈りなさい」と言われた。
（ルカによる福音書22・40）

　信仰は、祈りと粘り強さと共に働きます。粘り強さは、祈りが聞き入れられることへの信仰を強めます。粘り強い人は幸いです。
　粘り強く祈らなければならないことは、神の言葉によってはっきりと述べられています。現代においてもこのことを繰り返して言わなければなりません。安楽さへの傾き、霊的な怠惰、信仰生活における無関心――これらはみな、粘り強く願うことの反対です。
　わたしたちは、倦むことのない力をもって祈りをささげなければなりません。粘り強く、勇気をもって祈らなければなりません。

愛する主である神よ。倦むことのない力で祈れるようにわたしを力づけてください。わたしの信仰があなたの祝福を見いだすことができますように。アーメン。

7月8日

粘り強く祈らなければならない時

モーセは主なる神をなだめて言った。「主よ、どうして御自分の民に向かって怒りを燃やされるのですか。あなたが大いなる御力と強い御手をもってエジプトの国から導き出された民ではありませんか。」　　　　　　　　　　　　　　（出エジプト記32・11）

　モーセは、粘り強く祈らなければならないことの優れた模範を示してくれます。神と親しい関係にあることで、彼が粘り強く祈ることをやめるようなことはありませんでした。モーセは粘り強く祈ることを祈りの重要な特徴だと考えました。

　イスラエルが金の子牛を造ったとき、神の激しい怒りが彼らに下りました。主は正義を行おうとして、御自分がしようとしていることをモーセに告げました。しかしモーセはこの裁きを受け入れようとしませんでした。彼は罪深いイスラエルのために執り成しの祈りをささげました。

　モーセは四十日四十夜、断食して祈りました。それは粘り強く祈らなければならない時でした。

愛する父よ。粘り強く祈らなければならないことについて、モーセの模範を与えてくださったあなたに感謝します。アーメン。

7月9日

遅れと否み

わたしたちは皆、顔の覆いを除かれて、鏡のように主の栄光を映し出しながら、栄光から栄光へと、主と同じ姿に造りかえられていきます。これは主の霊の働きによることです。
(コリントの信徒への手紙二 3・18)

わたしたちは祈りの不思議な点に思いを致さなければなりません。それは、祈りへの答えには遅れや否みが必ずあるということです。わたしたちはこうした遅れと否みを認め、それに備えなければなりません。

祈るキリスト者は、戦いが激しさを増せば増すほど勇気を示す、勇敢な兵士に似ています。遅れと否みが到来したとき、彼はますます熱心に祈り、答えられるまで祈ることをやめません。

粘り強い祈りが神を動かし、人間を善いものとすることは明らかです。神に執り成しの祈りをささげればささげるほど、わたしたちの顔は輝くのです。

神よ。祈りへの答えを忍耐強く待つことができるようにわたしをお助けください。わたしは、わたしを待たせることによって、あなたがわたしを強めてくださることを知っております。アーメン。

7月10日

この世で神が行われる業

悪魔の働きを滅ぼすためにこそ、神の子が現れたのです。
（ヨハネの手紙一3・8）

　神にはこの世でなすべき大きな課題があります。この課題は救いの計画に含まれています。そこには贖いと摂理が含まれます。
　神がこの世で行われる業はどのようなものでしょうか。神の業とは、御自分の子らの心と生活を聖なるものとすることです。人間は、罪の内に生まれた、堕落した存在です。神の御計画とは、堕落した人間に手を差し伸べて、人間を造り変え、聖なる者とすることです。
　神の業とは、汚れた人々を聖なる兵士とすることです。これがキリストが世に来られた理由です。

愛する父よ。堕落したわたしに手を差し伸べてください。わたしを造り変え、聖なる者としてください。アーメン。

7月11日

キリスト者の生活の目的

召し出してくださった聖なる方に倣って、あなたがた自身も生活のすべての面で聖なる者となりなさい。「あなたがたは聖なる者となれ。わたしは聖なる者だからである」と書いてあるからです。
(ペトロの手紙一1・15-16)

　神はすべてにおいて聖なる方です。神は人間を御自身に似たものとすることを望まれます。神は人間がキリストに似た者となることを望まれます。これがキリスト者の生活の目的です。だからわたしたちは絶えず熱心に聖なる者としていただくために祈らなければなりません。

　わたしたちが目指すのは、聖なることを行うことではなく、聖なる者となることです。存在は行動に先立ちます。まず存在し、しかる後に行うのです。まず聖なる心を与えられ、しかる後に聖なる生活を送るのです。この気高く恵み深い目的のために、神は主の贖いの業と聖霊の業を用いられます。

愛する神よ。日々、あなたに似たものとしてください。あなたが聖であるように、わたしをも聖なる者にしてください。わたしの心を聖なるものとしてください。御心に適う生活を送ることができますように。アーメン。

7月12日

模範による説教

> 生まれたばかりの乳飲み子のように、
> 混じりけのない霊の乳を慕い求めなさい。
> これを飲んで成長し、救われるようになるためです。
> （ペトロの手紙一 2・2）

　この世で行われる神の業とは、御自分の民を完全に聖なる者とすることです。このことを心に留めなければなりません。ここで疑問が生じます。この業は教会の中でも行われているでしょうか。

　現代の教会には最新の設備が備わっています。しかし教会はその最も重要な目的を見失ってはなりません。すなわち、祈りを通じて聖なる生活を送るよう民を導くという目的です。教職者も信徒も、生活と言葉と思いにおいて聖なる者とならなければなりません。

　彼らはすべてにおいて神の民の模範とならなければなりません。生活を通じて説教し、主の姿に似た者とならなければなりません。

父よ。わたしが世に対してあなたの似姿となりますように。あなたの貴い聖霊の助けによってわたしを導いてください。アーメン。

7月13日

清い職業生活

心の曲がった者を主はいとい
完全な道を歩む人を喜ばれる。
（箴言 11・20）

　もう一度自らに問いたいと思います。わたしたちは聖性の模範を通して信徒を導いているでしょうか。清く誠実な職業生活とキリスト者としての信仰生活が、共に歩んでいるでしょうか。
　神の業とは人間を聖なる者とすることであり、実際にそうしておられます。もしそうであれば、先に述べた問いをどうでもよいものと考えてはなりません。
　これらの問いは神が人々を聖化していく業と直接関わっています。これらの問いは問題の本質を突いているのです。

愛する神よ。あなたはわたしを御前で、また被造物の前で、聖なるとがのない者として選んでくださいました。主よ、御心に適う生活を送れるように、わたしをお助けください。アーメン。

7月14日

物質的な富と霊的な富

「あなたの富のあるところに、あなたの心もあるのだ。」
（マタイによる福音書6・21）

　物質的な富は霊的な富のしるしではありません。物質的な富はしばしば教会指導者の目をくらまします。そのため彼らは物質的な富と霊的な富を取り違えます。わたしたちはこのようなことがないよう注意しなければなりません。

　金銭上の富は聖性の成長のしるしではありません。物質的に富んでいる時が霊的な成長の時であることはまれです。それは個人にも教会にも言えます。しばしば、富を増やすことによって神を見失います。しばしば、物質的な富が教会に入り込むことによって、人間的な活動は学んでも、神に祈り、依り頼むことを忘れることがあります。

　神に目を注ごうではありませんか。あなたがたの霊が聖性において成長するように。

　神よ。ものごとがうまくいっているときに、あなたを見失うことがあります。わたしの霊が聖性において豊かに成長しますように。アーメン。

7月15日

聖霊の注ぎ

主の手が短くて救えないのではない。
主の耳が鈍くて聞こえないのでもない。
(イザヤ書 59・1)

　神の業が行われてわたしたちが聖性において成長すると、複雑な問題が生じます。教会が霊性を深め、わたしたちが祈りの民となり、聖性に飢え渇いているなら、なぜ聖霊が豊かに注がないのでしょうか。

　唯一の答えはこれです。わたしたちが聖性の業を忘れて、別のことに熱心だったからです。わたしたちが教会の中で物質的な事柄に心を奪われていたからです。目を主に向けなければなりません。そうすれば、主はわたしたちに御自分の霊を注いでくださいます。

　全能の神よ。わたしはしばしば、あなたに思いと行いを向ける代わりに、どうでもよいことに心を奪われています。今日、あなたの真理によってわたしを導いてください。
アーメン。

7月16日

神の業

今述べた諸悪から自分を清める人は、
貴いことに用いられる器になり、
聖なるもの、主人に役立つもの、
あらゆる善い業のために備えられたものとなるのです。
（テモテへの手紙二 2・21）

　神の業に励む人は、恵みを与え、受けることに注意を向けるべきであって、賜物を与えられることに注意を向けてはなりません。恵みが与えられれば、賜物も豊かに与えられます。

　強調しなければならないことがあります。実りがないこと、何の味わいもないこと、説教がつまらないこと——これらのことは常に、恵みを欠いていることから生じます。そして、恵みを欠いていることは祈らないことから生じるのです。

　大きな恵みは深い祈りからもたらされます。神はこの世で偉大な業を行われる際に、人間を通して働かれます。神の業は、集団的には教会を通して、個人的には御自分の民を通して行われるのです。

愛する神よ。わたしをあなたの貴い業の道具としてください。あなたの栄光のためにいつも善い業を行えるように、わたしを整えてください。アーメン。

7月17日

実で見分ける

「このように、あなたがたはその実で彼らを見分ける。」
(マタイによる福音書7・20)

　世が信仰生活の姿を判断するのは、聖書の言葉によってではなく、キリスト者の生き方によってです。キリスト者とは、世の罪人にとっての聖書です。ですから、重要なのは生活の聖性です。ところが、教会の奉仕者を選任する際に、聖性の質が考慮されていません。

　世の目から見れば、祈りはそれほど重要なものに思われないかもしれません。しかし、祈りは神の業と御計画全体にとって重大です。神は聖なる民を捜しておられます。祈りの習慣を持つ人を捜しておられます。神の子らとして、あなたが属する世が目で見ることのできる実を結ぼうではありませんか。

　聖なる生活を深められるよう、神の霊に祈ろうではありませんか。

　父である神よ。わたしが属する世が目で見ることのできる善い実を結ばせてください。聖なる生活を深められるよう、わたしを導いてください。アーメン。

7月18日

霊的な質

> 思い違いをしてはいけません。
> 神は、人から侮られることはありません。人は、
> 自分の蒔いたものを、また刈り取ることになるのです。
> （ガラテヤの信徒への手紙 6・7）

　なぜ神の偉大な業がこの世であまり行われないのでしょうか。しかし、信仰の弱い人々を通して多くのことが行われたことのほうを驚くべきです。

　もう一度言いたいと思います。生活の聖性こそが、信仰生活を測る聖なる基準です。生活の聖性以上に神の要求を満足させるものはありません。どれほど多くの善いことをしたとしても、心の聖性と行いの正しさを伴わない人がいます。そのような人は、多くの善いことをすることができても、心の霊的な質、すなわち聖性を欠いているのです。

　キリスト・イエスを通して高い霊的な質と聖性を目指そうではありませんか。キリストがあなたを地上で御自身の偉大な業を行う道具としてくださいますように。

主よ。わたしを、あなたのためになされる偉大なことの道具としてください。わたしの行いと思いが御前で正しいことを語りますように。わたしを導いてください。アーメン。

7月19日

答えられるまで祈りなさい

「そこで、わたしは言っておく。求めなさい。そうすれば、与えられる。探しなさい。そうすれば、見つかる。門をたたきなさい。そうすれば、開かれる。だれでも、求める者は受け、探す者は見つけ、門をたたく者には開かれる。」

(ルカによる福音書 11・9-10)

　救い主は、断られても執拗に頼んだ人が答えてもらえた(ルカ11・5-8)というたとえを用いて、天の恵みの座の前で粘り強く祈りをささげなければならないことを示しました。
　キリスト者は祈るとき、答えがすぐに与えられなくても、答えの遅れに対して勇気を持たなければなりません。答えが与えられるまで熱心に祈らなければなりません。強い信仰をもって願うならば、答えは必ず与えられます。
　怠慢と忍耐の欠如と恐れは、祈りの敵です。御父は心から手を差し伸べ、進んで御自分の子に耳を傾け、与えようとしておられます。わたしたちが粘り強く祈ることを待っておられるのです。

主である神よ。わたしの信仰を強めてください。勇気をもって聖なる生活を送れますように。アーメン。

祈ること、祈ってもらうこと

兄弟たち、わたしたちの主イエス・キリストによって、
また、"霊"が与えてくださる愛によってお願いします。
どうか、わたしのために、
わたしと一緒に神に熱心に祈ってください。
（ローマの信徒への手紙 15・30）

　説教者にとって、祈りは職業上の義務であるだけでなく、特権でもあります。説教者は祈らなければなりません。祈りが説教者に必要なのは、空気が肺に必要なのと変わりません。説教者は祈らなければなりません。また祈ってもらわなければなりません。この二つは同時に求められます。それらを決して切り離してはなりません。
　その恐るべき責務と重要な仕事のために、説教者は心から祈らなければなりません。真の説教者は祈りと霊的成長の大切さを知っています。だから、神の民が自分のために祈ってくれることも大切にするのです。

愛する神よ。今日もわたしの牧者のために祈ります。大切な仕事を行う牧者を助け、導いてください。あなたの豊かな祝福で牧者を祝福してください。アーメン。

7月21日

祈らないキリスト者

同時にわたしたちのためにも祈ってください。神が御言葉のために門を開いてくださり、わたしたちがキリストの秘められた計画を語ることができるように。このために、わたしは牢につながれています。わたしがしかるべく語って、この計画を明らかにできるように祈ってください。　　　（コロサイの信徒への手紙 4・3-4）

　人は聖なる者であればあるほど、祈りを大切にします。その人は、神が祈る人に御自身を与えてくださることを知っています。聖霊は祈らない人に宿りません。キリストは祈らないキリスト者について何も知りません。
　どれほど賜物と教育と雄弁と神の召命があっても、祈らずに済むことはありません。むしろ、説教者はいっそう祈らなければならず、祈ってもらわなければなりません。真の説教者であれば、いっそう祈らなければならないことを感じるはずです。
　説教者は、ますます自分が祈らなければならないと感じるだけでなく、祈りを通じて助けてくれるよう他の人に頼む必要も感じるのです。

　父よ。わたしは今日、世界中の説教者のために祈ります。あなたが彼らに扉を開き、彼らがわたしたちに対するあなたの愛を世に語ることができますように。アーメン。

7月22日

教会の姿は指導者の姿である

あなたがたが完全な者となり、
神の御心をすべて確信しているように……。
（コロサイの信徒への手紙 4・12）

　説教者は優れた意味で教会の指導者です。説教者は教会の今ある状態に対して第一の責任を負っています。説教者は教会の性格を形成し、教会生活を方向づけます。多くのことがこの教会の指導者にかかっています。彼らが時代と制度を形づくるからです。
　教会は聖なるものです。教会が持っているのは天の宝です。しかし教会に刻印を与えるのは人間です。宝を入れるのは地上の器です。神の教会はその指導者によって形づくられます。
　教会の姿はその指導者の姿です。指導者が霊的であれば、教会も霊的です。指導者がこの世的ならば、教会もこの世的です。

神よ。現代の教会の指導者と彼らが行う業のために祈ります。主よ、彼らを祝福してください。彼らを導いてください。彼らがわたしたちをあなたに似た者にすることができますように。アーメン。

7月23日

祈りのない説教壇

人の知識をはるかに超えるこの愛を知るようになり、
そしてついには、神の満ちあふれる豊かさの
すべてにあずかり、それによって満たされるように。
（エフェソの信徒への手紙 3・19）

　優れて霊的な指導者は、神の恵みのしるしです。霊的な指導者の時代は、教会にとって霊的な恵みの時代です。祈りは、優れて霊的な指導者のはっきりとした特徴です。
　祈りの人は力ある人であり、実りをもたらします。祈りによって神から新鮮なメッセージを聞き取ることのない人が、どうしてよい説教を行うことができるでしょうか。説教者の口は燃える祈りの炎に触れていただく必要があるのです。
　真のキリスト教が問題となるのであれば、祈りのない説教壇は常に不毛です。

　全能の神よ。わたしとわたしたちの霊的な指導者をあなたの豊かさで満たしてください。アーメン。

7月24日

説教者パウロ

どのような時にも、"霊"に助けられて祈り、願い求め、すべての聖なる者たちのために、絶えず目を覚まして根気よく祈り続けなさい。また、わたしが適切な言葉を用いて話し、福音の神秘を大胆に示すことができるように、わたしのためにも祈ってください。
（エフェソの信徒への手紙 6・18-19）

　説教者は、祈らないでも、正式で教養のある仕方で説教することが可能です。しかし、このような説教と、聖なる手と祈りの心をもって神の貴い種を蒔くこととの間には、大きな隔たりがあります。パウロはこのことの模範です。
　パウロは、説教者が祈りの人でなければならないことを示す模範です。真の使徒的な説教者は、説教が実りをもたらすために他の善意の人の祈りを必要とすることを、パウロは余すところなく示します。

愛する神よ。牧者とすべての説教者のために祈ります。彼らが口を開くとき、あなたが言葉を与えてくださり、福音の神秘を知らせることができますように。アーメン。

7月25日

神と共に過ごす時間

あなたがたの中で苦しんでいる人は、祈りなさい。
喜んでいる人は、賛美の歌をうたいなさい。
（ヤコブの手紙 5・13）

　わたしたちの祈りの時は時計で計られませんが、時間はその本質をなしています。とどまり、待つ力は、本質的にわたしたちが神と共にいることに属します。
　わたしたちはしばしば神との交わりにおいて性急になります。祈りの時間の短さは深い信心を台無しにします。落ち着きと力は、性急さと相いれません。祈りの時間の短さは、霊的な力や霊的生活の根源と実りを奪い去ります。
　祈りの時間の短さは、堕落の第一の理由です。それは表面的な信心のしるしです。

　父よ。わたしをお赦しください。わたしはあなたのための十分な時間を用いませんでした。御前にとどまり、待つことができるようにしてください。御声を聞くことができますように。アーメン。

7月26日

祈りには時間が必要である

あなたがたも祈りで援助してください。
（コリントの信徒への手紙二 1・11）

　霊的な業は労苦を必要とします。祈りは注意と時間を必要とします。それは肉体にとって辛いことです。地上の務めをしなければならないときも、祈りに時間を割く人は多くありません。
　わたしたちは時として祈ることを怠ります。しかし、代償を払うことになるまで、その危険に気づきません。簡単な祈りは信仰を弱め、信心をぐらつかせます。
　神と共に僅かな時間しか過ごさないのは、神のために僅かしか与えないことです。祈りの時間を削るなら、キリスト者としての性格全体が小さく悲惨で不注意なものとなります。

　愛する主である神よ。祈りを怠ることがないよう、わたしをお助けください。あなたと共にもっと多くの時間を過ごし、あなたのためにもっと多く働くことができますように。
アーメン。

7月27日

神の豊かな恵みの川

わたしたちのために祈ってください。主の言葉が、あなたがたのところでそうであったように、速やかに宣べ伝えられ、あがめられるように、また、わたしたちが道に外れた悪人どもから逃れられるように、と祈ってください。

（テサロニケの信徒への手紙二 3・1-2）

　神の豊かな恵みの川が魂に流れ入るには時間を必要とします。短い祈りは、神の川の流れをせき止めます。神の啓示を豊かに受け止めるには、長時間、熱心に祈ることが必要です。時間をかけなければ、よい絵は描けません。
　朝早くから長く祈るなら、死んだような霊的生活をよみがえらせることができます。
　朝早くから長く祈るなら、聖なる生活を送ることができるようになります。長く祈るなら、聖なる生活を送ることはまれなことでも困難なことでもありません。

神よ。あなたと共に長い時間を過ごすなら、霊的生活をよみがえらせることができることをわたしは知っています。祈りを優先できるように、わたしをお助けください。わたしの生活の中で最も大切なのはあなたです。アーメン。

7月28日

神の御前で長い時間を過ごす

「まして神は、昼も夜も叫び求めている
選ばれた人たちのために裁きを行わずに、
彼らをいつまでもほうっておかれることがあろうか。」
(ルカによる福音書 18・7)

　祈りの生活が熱心なものであれば、キリストのような熱意を持つことが可能です。わたしたちが時として悲惨なのは、よく祈らないからです。
　神と共に過ごす時間は、わたしたちの生活を豊かなものとします。一人で神に静かな時間をささげるなら、公に神に自分をささげたことになります。
　短い祈りは何の実りももたらしません。神の御前で長い時間を過ごすことは、わたしたちを教え、勝利をもたらします。偉大な勝利はしばしば長く待つこと、それも言葉や計画を尽くすまで待つことから生じます。沈黙と忍耐こそが勝利の栄冠を与えられるのです。

父である神よ。御前で長い時間を過ごさせてください。昼も夜もあなたに叫ばせてください。わたしを導いてください。アーメン。

7月29日

心の準備

終わりに、兄弟たち、わたしたちのために祈ってください。
主の言葉が……速やかに宣べ伝えられ、
あがめられるように。
（テサロニケの信徒への手紙二 3・1）

　祈るなら、御言葉の説教は実りをもたらします。祈りは御言葉が計画を実現するのによい環境を造り出します。
　種を蒔く人のたとえは、説教の優れた教材です。このたとえは、説教にはさまざまな効果があること、説教にはさまざまな聴衆がいることを明らかにします。種が道端に蒔かれることはしばしばです。土が整えられていないのです。すると悪魔が種（御言葉）を奪い取ります。
　祈りと黙想によって聴衆が心の土を整えているなら、蒔かれた種は豊かな実を結ぶことでしょう。

　愛する主である神よ。祈りによってよい土を整えさせてください。御言葉が心に根づき、実りをもたらしますように。アーメン。

7月30日

心を耕す

「だから、どう聞くべきかに注意しなさい。」
（ルカによる福音書 8・18）

　種を蒔く人のたとえは、石だらけの土地や、茨の土地がどう答えたかを示します。御言葉が彼らの心に蒔かれ、芽生えても、すべて失われてしまいます。その後、種を育てないからです。

　よい土地は種を蒔くとそれを実らせます。心が種を受け入れる準備ができていたからです。御言葉を聞くと、その人たちは祈ることによって心の中で蒔かれた種を育てます。

　これらすべてのことがこのたとえの結論をはっきりと示します。わたしたちは、どうすればよく聞くことができるかを考えるために、絶えず祈らなければなりません。

愛する神よ。御言葉を聞いて、悟らせてください。あなたのメッセージがよい土地に落ち、あなたの栄光のために豊かな実を結びますように。アーメン。

7月31日

8 月

振る舞い方 ― 性格の現れ

> 身を慎んで目を覚ましていなさい。
> あなたがたの敵である悪魔が、ほえたける獅子のように、
> だれかを食い尽くそうと探し回っています。
> （ペトロの手紙一 5・8）

　次のことは真実です。祈りは振る舞い方を左右し、振る舞い方が性格を形づくります。振る舞い方とは、わたしたちの行いです。性格とは、わたしたちのあり方です。振る舞い方は外的な生活です。性格は目に見えない生き方で、内面に隠れていますが、目に見えるものから明らかになります。振る舞い方は外的で、外側から目に見えます。性格は内的で、内面で働きます。

　恵みの計画において、振る舞い方は性格の現れです。性格は心の状態であり、振る舞い方は外的表現です。祈りはすべての恵みの賜物と関わります。

　祈りは性格と振る舞い方を形づくる助けとなります。両者が実り豊かな仕方で永続するかどうかは、祈りにかかっています。

父よ。わたしは知っております。わたしが実り豊かな仕方で行動し、存在し続けられるかどうかは、祈りにかかっているということを。今日もあなたの真理によってわたしを導いてください。アーメン。

8月1日

奉献生活の真の証明

もしわたしの名をもって呼ばれているわたしの民が、
ひざまずいて祈り、わたしの顔を求め、
悪の道を捨てて立ち帰るなら、
わたしは天から耳を傾け、罪を赦し、彼らの大地をいやす。
(歴代誌下7・14)

今日、奉献について多くのことが語られます。また多くの人が奉献生活者と見なされています。しかし、このような人々の多くが、奉献という言葉の真の意味を理解していません。

偽りの奉献生活に関する混乱の原因は、祈りがないことにあります。祈りこそが奉献生活の真の証明です。奉献生活とは祈りの生活です。祈りが中心になっていなければ、奉献生活は不完全で偽りであり、その名に値しません。

その人が祈っているかどうか。これが奉献生活者であるかどうかを証明します。その人は祈りの人でしょうか。祈りがささげられず、祈りの生活が中心でなければ、いかなる奉献生活も意味がありません。

8月2日

主よ。わたしは御前にへりくだります。わたしは祈り、御顔を求めます。あなたにささげるわたしの叫び声に耳を傾けてください。アーメン。

内なる霊的性格

キリストがわたしたちのために御自身を献げられたのは、
わたしたちをあらゆる不法から贖い出し、良い行いに
熱心な民を御自分のものとして清めるためだったのです。

（テトスへの手紙 2・14）

　祈りと無関係な道徳的性格や振る舞い方がありうるかもしれません。しかし、祈りがなければ、いかなる信仰生活の性格もキリスト教的振る舞い方もありえません。祈りは、他のあらゆる助けが役に立たなくなったときに、助けとなります。絶えず祈ることによって、わたしたちは善い者となり、清い生活を送れるようになります。

　キリストの贖いの業の目的は、信仰生活の性格を生み出し、キリスト教的振る舞い方を行わせることです。

　キリストの教えの中で強調されるのは、慈善や憐れみの業だけではなく、内なる霊的性格です。内なる霊的性格こそが求められています。それなしには何事も不十分です。

　愛する神よ。あなたは、善い業だけを求めておられるのでないことを教えてくださいます。あなたは内なる霊的性格を求められます。内なる霊的性格は絶えざる祈りによって成長します。アーメン。

8月3日

地上における神の工場

あなたがたの内に働いて、御心のままに望ませ、
行わせておられるのは神であるからです。
（フィリピの信徒への手紙 2・13）

　祈りの目的は、人々の性格と振る舞い方を変えることです。多くの場合に、この変化は祈りによってもたらされます。教会は正しくなければなりません。また、人々を正しい者とするように努めなければなりません。
　教会は地上における神の工場です。その第一の務めは、正しい性格を造り出し、成長させることです。これこそが教会の究極目的です。教会活動は、第一義的には、会員を獲得することや増やすことではありません。教会活動の目的は、金もうけや、慈善事業や、憐れみの業ではありません。
　教会の業とは、正しい性格と清い外的生活を造り出すことです。

　全能の神よ。人々を正しい者にできるように、わたしたちの教会を導いてください。わたしたちの業を通じて、地上で御名がたたえられますように。アーメン。

8月4日

聖性の人間的な側面

もし、あなたがあなたの神、主の御声によく聞き従い、
今日わたしが命じる戒めをことごとく忠実に守るならば、
あなたの神、主は、あなたを地上の
あらゆる国民にはるかにまさったものとしてくださる。
(申命記 28・1)

　奉献生活が完全な聖性ではありません。多くの人がこの点で大きな誤解をしています。奉献生活はわたしたちを相対的に聖なる者とするにすぎません。わたしたちの生活が聖なるものとなるのは、神に近づくときです。
　奉献生活は聖性の人間的な側面です。その意味で、奉献生活は自らを聖なる者とすることです。しかし、聖化ないし聖性は、真の意味では神の業です。聖霊は心の中で働き、心を清め、霊の実を心の中で豊かに実らせます。

　主である神よ。聖霊の助けによってわたしを導いてください。あなたの戒めを完全に守り、わたしの生涯が豊かな実を結びますように。アーメン。

8月5日

祈りの実り

神の知識に逆らうあらゆる高慢を打ち倒し、
あらゆる思惑をとりこにしてキリストに従わせ……。
(コリントの信徒への手紙二 10・5)

製作物は作り手の性格を反映します。正しい目的を持った正しい教会は、正しい人を生み出します。

祈りは清い心と生活を生み出します。祈りが生み出せるものはこれ以外にありません。不正な振る舞いは祈りの欠如から生じます。両者は共に歩みます。祈りと罪は共に歩めません。どちらかが歩みを止めます。

人々が祈るよう導くなら、罪を犯すこともやみます。祈りは罪への嫌悪を生み出すからです。祈りは人間本性の全体を高めて、聖なる事柄を仰ぎ見るように導きます。

神よ。もっと祈れるようにしてください。わたしは常に祈りたいと望みます。生活の中で心の清さがはっきりと示されますように。アーメン。

8月6日

祈りの彩り

堅固な思いを、あなたは平和に守られる
あなたに信頼するゆえに、平和に。
(イザヤ書 26・3)

　祈りは性格に基づいてなされます。わたしたちが神とどのような関係にあるかによって、神にどのように働きかけるかが決まります。
　聖書の時代に神に大きな影響を及ぼしたのは、外的な姿ではなく、内的な性格でした。アブラハム、ヨブ、ダビデ、モーセなどに見られるとおりです。現代においても、わたしたちが何を語るかではなく、実際にどのような存在であるかが、神との関係にとって重要です。振る舞い方は性格と祈りに影響を及ぼします。
　同時に、性格も振る舞い方と祈りに大いに影響を及ぼします。わたしたちの内面生活が祈りに彩りを与えるのです。

愛する父よ。わたしたちが内的にいかなる者であるかが、あなたには重要です。今日あらためてあなたに祈ります。わたしの内に清い心を造り、わたしの霊を新たにしてください。アーメン。

8月7日

個人の聖なる生活

心は清められて、良心のとがめはなくなり、
体は清い水で洗われています。信頼しきって、
真心から神に近づこうではありませんか。
(ヘブライ人への手紙 10・22)

奉献生活はいわゆる奉仕の生活以上のものです。それは個人の聖なる生活です。奉献生活は心に霊的な力を与え、内的な人全体を照らします。奉献生活は常に神を見いだし、生活を真の祈りにささげます。

完全な奉献生活はキリスト教的生活の最高の姿です。それは信者が唯一、目指すべきものです。奉献生活は、自分が完全に神のものとされるまで満たされません。奉献生活者の祈りは自然にこのことを目指します。

愛する父である神よ。あなたに完全にささげられた生活を送りたいと望みます。これこそがわたしの目指すものです。わたしを助け、導いてください。アーメン。

8月8日

生活によって祈る

「放縦や深酒や生活の煩いで、心が鈍くならないように
注意しなさい。さもないと、その日が
不意に罠のようにあなたがたを襲うことになる。」
(ルカによる福音書 21・34)

　キリスト者の歩みはしばしば振る舞い方という岩によって座礁します。大切なのは生活です。他の信仰生活の諸要素と同じように、祈りも悪い生活のために病むことがあります。
　かつて説教者は、生活によって説教するよう命じられました。さもなければ説教しないほうがましだからです。キリスト者も生活によって祈らなければなりません。さもなければ全く祈らないほうがましです。最良の説教は、説教壇においてであっても、説教者の聖なる生活に裏づけられた説教です。
　会衆席の会衆が行う最上の業は、聖なる生活を伴った業です。信者は言葉ではなく生活によって説教を行うのです。

　主よ。わたしは自分の行動によって、世に向けてあなたを映し出す者となりたいと望みます。わたしが何も言わないでも、人々があなたを信じるようになるためです。アーメン。

8月9日

悔い改めの祈り

キリストと結ばれる人はだれでも、
新しく創造された者なのです。
古いものは過ぎ去り、新しいものが生じた。
（コリントの信徒への手紙二 5・17）

　悔い改めの祈りは必ず神に受け入れられます。神は悔い改めた罪人の叫び声を喜んでお聞きになります。しかし、悔い改めは罪への悲しみだけでなく、過ちから離れ、善に向かうことをも含みます。真の悔い改めは、性格と振る舞い方の変化を生み出します。
　祈りが性格を形づくり、振る舞い方を正すものでなければ、祈りの目的を見誤ることになります。悪いことをしながら形式的な祈りをささげることは可能です。しかし、そのような祈りは祈りとは言えません。祈りは、生活を正しいものとすればするほど進歩します。祈りの生活は清めと神への奉献によって成長するのです。

8月10日

　愛する神よ。わたしは罪を告白し、今日御前にわたしの罪を示します。わたしを赦し、あなたの霊によって導いてください。過ちから離れ、正しいことを行えますように。アーメン。

しんちゅうの扉

だから、主にいやしていただくために、
罪を告白し合い、互いのために祈りなさい。
正しい人の祈りは、大きな力があり、効果をもたらします。
（ヤコブの手紙5・16）

　内的生活は、実り豊かな祈りの条件です。祈りの姿は、生活の姿です。
　正しい人の祈りは常に実を結びます。実際、こう言うことさえできます。正しい人の祈りだけが、すべてを実現すると。
　生活の悩みがしばしば祈りを妨げ、祈りに立ちはだかるしんちゅうの扉のようになることがあります。
　神の栄光に目を注ぎ、何事につけ神を喜ばせようと努めなさい。そうすれば祈りが力づけられます。

　父である神よ。あらゆる過ちからわたしの生活を清めてください。わたしの生活があなたの御心に適うものとなりますように。アーメン。

8月11日

真の祈りがもたらす実り

善にさとく、悪には疎くあることを望みます。
（ローマの信徒への手紙 16・19）

　祈りは清い心からささげられなければなりません。祈りは、神に従おうと努める生活によって強められます。
　次のことを忘れてはなりません。生活は祈りの条件ですが、祈りも正しい生活の条件だということです。真の祈りがもたらす実りは正しい生活です。真の祈りは、自分の思い、言葉、行いに注意するように導きます。注意深く歩み、時間を無駄にしないように仕向けます。祈りは人がキリスト者にふさわしい生活をすることを可能にするのです。
　祈りは、旅路を歩むための気高い目標を示します。こうして人は、悪い道を避けて、神の光の中を歩むのです。

愛する主である神よ。わたしは知っています。真の祈りをささげるには、正しく生きなければならないことを。善をわきまえ、悪から離れられるようにわたしを助けてください。
アーメン。

8月12日

祈りのさまざまな側面

主イエスは、御自分の持つ神の力によって、命と信心とにかかわるすべてのものを、わたしたちに与えてくださいました。それは、わたしたちを御自身の栄光と力ある業とで召し出してくださった方を認識させることによるのです。

(ペトロの手紙二 1・3)

　祈りのさまざまな側面を知るなら、多くのことが祈りと関わっていることに驚かされるかもしれません。
　祈りと密接に関連しているものの一つに、奉献生活があります。祈りは人を奉献生活へと導くと共に、奉献生活そのものを導きます。奉献生活とは似ても似つかない多くのものがその名で呼ばれています。民衆の奉献生活は、祈りが欠けているために道からそれることがあります。
　祈りの生活から生まれたものでない奉献生活は、奉献生活ではありません。祈りは奉献生活のはっきりとした要素です。

父よ。わたしは知っています。奉献生活のためにわたしが必要とするのは、ただ、日々祈り、あなたをいっそう知ることです。アーメン。

8月13日

驚くべき変化

神は、わたしたちが行った義の業によってではなく、
御自分の憐れみによって、
わたしたちを救ってくださいました。
(テトスへの手紙3・5)

　キリスト教は、霊的な性格を帯びていない人、汚れた生活を送っている人と関わります。キリスト教はこのような人々を造り変えることを目指します。彼らが清い心を持ち、正しい生活を送れるようになるためです。
　ここで祈りが驚くべき力を発揮して、実りをもたらします。祈りは人をこのような目的へと導きます。実際、祈らなければ、いかなる道徳的な変化も不可能です。この驚くべき変化は、熱心で粘り強く忠実な祈りによってもたらされるのです。
　人々の心にこのような変化を引き起こさないキリスト教は、偽りのキリスト教です。

愛する主よ。あなたに感謝と賛美をささげます。あなたは憐れみと恵みを示してくださったからです。アーメン。

完全な従順

わたしにとって有利であったこれらのことを、キリストのゆえに損失と見なすようになったのです。そればかりか、わたしの主キリスト・イエスを知ることのあまりのすばらしさに、今では他の一切を損失とみています。キリストのゆえに、わたしはすべてを失いましたが、それらを塵あくたと見なしています。キリストを得……るためです。　　　　　　　（フィリピの信徒への手紙 3・7-9）

　奉献生活は自分を進んで神にささげることです。それは、今もこれからも自分と自分の所有物から離脱することです。常に神を優先することです。
　奉献生活は単に教会に自分をささげることではありません。わたしたちは目を神に向けなければなりません。神こそが奉献生活の源泉です。
　奉献生活は、自分を神へと聖別することです。すべてのものを神のものとし、聖なるものとして用いていただくことです。奉献生活は聖なるものです。それは聖なる目的にささげられます。それは神の御手に自分を委ね、聖なるものとして、聖なる目的のために用いていただくことです。

主よ。今日わたしはわたしの生涯と自分のすべてをあなたにささげます。今日、あなたに仕えます。アーメン。

8月15日

聖なる目的のために聖別する

心は清められて、良心のとがめはなくなり、
体は清い水で洗われています。信頼しきって、
真心から神に近づこうではありませんか。
(ヘブライ人への手紙 10・22)

　奉献生活は、単に自分を罪から引き離すことではありません。それは世俗的な生活とは反対の、聖なる生活を送ることです。神とあなたがたに対する神の御計画に生活をささげることです。自分の持てる物をすべて神にささげて用いていただくことです。

　神が求めておられる奉献生活とは、何の留保も残すことのない、完全な奉献生活です。中途半端な奉献生活は、奉献生活とは言えません。

　完全な生活は、全存在、全所有物、全人格をささげることです。すべてを進んで神の御手に委ね、神御自身の目的のために用いていただくことです。

神よ。わたしは自分をすべて御手に委ねます。あなたの御計画のために生涯のすべてをささげます。アーメン。

8月16日

悪い祈りとは、悪い生活である

お前たちが手を広げて祈っても、わたしは目を覆う。
どれほど祈りを繰り返しても、決して聞かない。
お前たちの血にまみれた手を
洗って、清くせよ。
（イザヤ書 1・15-16）

　悪い生活とは、悪い祈りであり、要するに、全く祈らないことです。生活よりも高い次元で祈りをささげないことです。
　神への忠実と信頼をもって生きるのでなければ、神に力強く確信をもって語りかけることはできません。神の法と目的に従って生きていなければ、神の前で過ごす時間が聖なるものとなることはありません。
　このことをよく学ばなければなりません。正しい性格とキリストに倣う振る舞い方によって、神への祈りは御心に適うものとなるのです。
　御言葉は、わたしたちの行動様式が祈りにとってどのような意味を持つかを、はっきり示しています。

父よ。実りをもたらす祈りは、御心に適う生活と共に歩みます。わたしの過ちをとがめ、とこしえの道へと導いてください。アーメン。

8月17日

自分を聖なる者とする

「自らを清く保ち、聖なる者となりなさい。
わたしはあなたたちの神、主だからである。
わたしの掟を忠実に守りなさい。
わたしは主であって、あなたたちを聖なる者とする。」
(レビ記 20・7-8)

　まず、わたしたちは聖なる者となるように言われています。次に、わたしたちを聖なる者とするのは主であると教えています。
　聖化には二つの意味があります。この区別をいつも心に留めなければなりません。わたしたちは心から自分を神にささげなければなりません。しかし、わたしたちが自分を聖なる者とするのではありません。わたしたちを聖なる者とするのは、わたしたちの中で働く聖霊の業です。
　奉献生活は信者の業であり、祈りが直接もたらす実りです。祈りなしに完全な奉献生活の意味を理解することはできません。

8月18日

　神よ。わたしは自分をあなたにささげます。わたしの内に住まわれる霊の働きによって、わたしを聖なる者としてください。わたしは自分で自分を聖なる者とできないのですから。アーメン。

祈りが奉献生活者を形づくる

知らないのですか。あなたがたの体は、
神からいただいた聖霊が宿ってくださる神殿であり、
あなたがたはもはや自分自身のものではないのです。
あなたがたは、代価を払って買い取られたのです。
（コリントの信徒への手紙一 6・19-20）

　祈りのない生活と奉献生活とは似ても似つかぬものです。祈りの生活は自然に完全な奉献へと人を導きます。奉献生活は神が主であることを心から認めます。祈りは奉献生活者を形づくります。

　祈りが完全な奉献へと人を導くように、それは奉献生活のあり方にも影響を及ぼします。祈りの生活と奉献生活は、互いに深く結ばれた同伴者です。二つは切り離すことのできない双子です。祈りは奉献生活のあらゆる場面に現れます。祈りのない生活を奉献生活と呼ぶことは偽りです。

　神よ。あなたに感謝します。あなたは祈りを与えてくださったからです。あなたにささげる祈りは奉献生活を生み出します。アーメン。

8月19日

地にひれ伏して祈る

「だれも、二人の主人に仕えることはできない。
一方を憎んで他方を愛するか、一方に親しんで
他方を軽んじるか、どちらかである。
あなたがたは、神と富とに仕えることはできない。」
（マタイによる福音書6・24）

　奉献生活とは、自分を真に祈りの生活にささげることです。それは単に祈ることではなく、絶えず力を込めて祈ることです。
　神は、自分を完全に神にささげた人の願いを退けることがありません。このような奉献生活者は、地にひれ伏して神に祈ります。
　この祈りは祈る人を神の御前に導きます。祈る人は神に手が届く場所に身を置き、祈りを通してでなければかなえられないことを神に願います。

　全能の神よ。あなたに感謝します。あなたはわたしたちの祈りに心を動かしてくださるからです。今日わたしはあなたに自分をささげます。アーメン。

8月20日

完全な従順

願い求めても、与えられないのは、自分の楽しみのために
使おうと、間違った動機で願い求めるからです。
(ヤコブの手紙 4・3)

　神は奉献生活者を頼りにします。神は、祈りのうちに自分を完全に神にささげる人に、御自身を委ねます。すべてを神にささげる人は、すべてを神から与えられます。
　祈りは完全な奉献生活の条件です。それゆえ、祈りは自分を完全に神にささげた人の習慣です。祈りは奉献生活に最もふさわしいものです。
　祈りは奉献生活の一部分です。祈りはいつまでも奉献生活と切り離すことのできない同伴者です。二つは共に歩み、語り合います。

　愛する父である神よ。あなたに感謝します。わたしがあなたにすべてをささげるなら、あなたからすべてを与えられるからです。アーメン。

8月21日

聖なる奉仕

敵の手から救われ、
恐れなく主に仕える、
生涯、主の御前に清く正しく。
（ルカによる福音書1・74-75）

　神が奉献生活者を望まれるのは、彼らが祈ることができ、またこれからも祈るからです。神が奉献生活者を用いることができるのは、祈る人々を用いることができるからです。奉献生活と祈りは同じ人の中で出会います。
　祈りは奉献生活者が働くために用いる手段です。奉献生活の第一の目的は、言葉の通常の意味での奉仕ではありません。奉献生活は聖書で用いられる正しい意味での奉仕を目指します。
　奉献生活は神に奉仕することを目指します。この奉仕は、教会指導者が考えるのとは全く異なる意味での奉仕です。

　愛する神よ。わたしは、あなたに祈り、奉仕する者となりたいと望みます。あなたが御自分のためにわたしを用いてくださいますように。御前で聖なる正しい生活を送ることができますように。アーメン。

8月22日

正しい生活

何事も、不平や理屈を言わずに行いなさい。そうすれば、とがめられるところのない清い者となり、よこしまな曲がった時代の中で、非のうちどころのない神の子として、世にあって星のように輝き、命の言葉をしっかり保つでしょう。

(フィリピの信徒への手紙 2・14-16)

　このフィリピの信徒への手紙の箇所で問題になっているのは、教会活動ではなく、個人の生活です。
　すなわち、よい振る舞い、正しい行動、聖なる言葉と生活と思いです。これらは主に個人の信仰生活に属する事柄です。
　信仰は人を正しい生活へと導きます。信仰は生活の中で示されます。こうして信仰はその聖なる本質を証明するのです。

父である神よ。あなたの造られた世にあってわたしを星のように輝かせてください。キリストの日に、わたしが無駄に労苦したのではないことを誇れますように。その日に、栄光の冠と永遠の命をあなたから受けることができますように。アーメン。

8月23日

聖なる生活

しかし、あなたがたはそれではいけない。
あなたがたの中でいちばん偉い人は、
いちばん若い者のようになり、
上に立つ人は、仕える者のようになりなさい。
(ルカによる福音書22・26)

　奉献生活の目的は、心と生活の聖性です。すべての罪から清められた心と聖なる生活をもって神をたたえることです。
　聖なる生活と聖なる心を深めるためには、目覚めて祈り、他の人を赦さなければなりません。真のキリスト者は絶えず聖なる心を求めます。
　そのために、真のキリスト者は自分を神にささげます。心と生活において聖なる者となるために、自分を完全に神にささげるのです。

　神よ。あなたは聖なる心と生活を喜ばれます。あなたの栄光のために、すべての不義からわたしを清めてください。アーメン。

8月24日

奉献生活と聖性

あなたの道を主にまかせよ。
信頼せよ、主は計らい
あなたの正しさを光のように
あなたのための裁きを
真昼の光のように輝かせてくださる。
（詩編 37・5-6）

　聖なる心は祈りによって与えられます。聖なる奉献生活を神にささげるには、祈らなければなりません。
　聖なる人とは、祈る人です。心と生活の聖性は、人を祈りへと導きます。独りで祈る習慣を持たない人は、奉献生活にも聖性にも関心を持ちません。聖性は隠れたところで祈ることを求めます。
　孤独の祈りの中に聖性は見いだされます。奉献生活は心の聖性を生み出し、祈りが伴います。

全能の神よ。わたしの歩むすべての道をあなたに委ねます。あなたがふさわしい時にわたしを引き上げ、わたしをあなたのように聖なる者としてくださいますように。アーメン。

8月25日

一日の最良の時

そのころ、イエスは祈るために山に行き、
神に祈って夜を明かされた。
（ルカによる福音書6・12）

　祈りはわたしたちにできる最も偉大な業です。祈るためには、静けさと時間と精神の集中が必要です。これらのものがなければ、祈りは貧しいものとなるからです。
　真の祈りには十分ということがありません。すばらしい祈りを行いたいなら、少しずつでは不十分です。聖歌で言う「イエスとのささやかな語らい」では不十分なのです。神と祈りのために一日の中で最良の時間が必要であり、それを確保しなければなりません。さもなければ、それを祈りとは呼べません。

　わたしの主、わたしの神よ。わたしは毎日あなたに最良の時間をささげたいと望みます。ものごとの正しい優先順位を守れるようにお助けください。アーメン。

8月26日

過去の遺物としての祈り

兄弟たち、わたしたちのためにも祈ってください。
（テサロニケの信徒への手紙一 5・25）

　日々の慌ただしさの中で、人々は祈るために時間をとりません。信徒は献金を行っても、祈りに自分をささげることがありません。
　再生と神の国の宣教の必要性について語る説教者はたくさんいますが、祈りなしにそれが語られることも多いのです。それではどんな説教も意味がありません。
　多くの人は祈りを時代遅れのものと考えます。それはほとんど過去の遺物です。現代が最も必要としているのは、説教者と教会を祈りへと引き戻す人です。

慌ただしい現代人は、何をするにも時間がありません。神よ。わたしはあなたのために時間を用いたいと望みます。あなたなしに一日たりとも過ごすことはできないからです。
アーメン。

8月27日

霊の招き

同様に、〝霊〟も弱いわたしたちを助けてくださいます。
わたしたちはどう祈るべきかを知りませんが、
〝霊〟自らが、言葉に表せないうめきをもって
執り成してくださるからです。
（ローマの信徒への手紙 8・26）

　使徒たちは聖霊降臨まで祈りの重要性をあまり理解していませんでした。しかし聖霊降臨により、祈りはキリストの福音の中で最も重要な位置を占めるようになりました。
　霊はすべての聖なる人々を祈りへと招きます。聖なる人々の信心は祈りによって形づくられ、完成されます。現代の聖なる人々に祈り方を教え、彼らを祈りへと導くことのできるキリスト教指導者はいるでしょうか。
　教育施設の充実も予算の増加も、それらが祈りによって聖化されなければ、キリスト教にとって何の役にも立ちません。

神よ。あなたの聖霊を注いでくださったことを感謝します。聖霊はわたしたちが弱いときに助けてくださるからです。わたしたちがどう祈るべきか知らないときも、聖霊はわたしたちの代わりに祈ってくださいます。アーメン。

祈りの指導者が祈る信者を生み出す

あなたがた一同のために祈る度に、
いつも喜びをもって祈っています。
（フィリピの信徒への手紙 1・4）

　多くの人々が祈るようになるのは、当然のことではありません。指導者が祈ることによってのみ、信者が祈るようになるのです。

　使徒たちは祈ることにより、祈りに満ちた聖なる人々を生み出します。わたしたちは聖なる人々を祈りへと導ける人間を必要としています。誰が突破口を開けるでしょうか。教会を祈りへと導く者こそが、偉大な改革者また使徒となります。

　教会が祈りへと導かれるなら、わたしたちの祈りと信仰と生活と職務は根底から変わります。それは人々と教会の中に霊的な再生(リバイバル)を引き起こすことでしょう。

父よ。祈りの指導者を与えてくださり、感謝します。教会の指導者を導いてください。彼らが人々をあなたと祈りへと立ち帰らせることができますように。アーメン。

8月29日

世を覆す

「だから、収穫のために働き手を送ってくださるように、
　収穫の主に願いなさい。」
(マタイによる福音書 9・38)

　ふさわしい人がいれば、神は驚くべき業をなさることができます。神に導いていただくなら、人々は驚くべき業を行うことができます。今日必要とされるのは、聖霊の賜物が世を覆すことです。
　ものごとを神に向けて力強く動かすこと、霊的な変革がものごとのすべての側面を変容させること——世界中の教会が必要としているのはこれです。
　教会はこのような変革者なしに存在することができません。彼らは聖なる教会の生ける奇跡です。彼らの模範と生き方こそが尽きることのない霊感と祝福です。このような変革者が数と力を増すことを祈らなければなりません。

　父である神よ。今日わたしは祈ります。あなたの御計画のためにものごとを力強く動かす人が、世において数と力を増しますように。アーメン。

8月30日

神のために大きな業を行う

「はっきり言っておく。わたしを信じる者は、
わたしが行う業を行い、
また、もっと大きな業を行うようになる。
わたしが父のもとへ行くからである。」
(ヨハネによる福音書 14・12)

　神のために大きな業を行うことが必要とされなくなることはありません。過去に行われた力と恵みに満ちた奇跡に頼る教会は、堕落した教会です。
　神は人々が清い心で御自分に目を向けることを望まれます。人々が神の御心を行うために進んで自分とこの世をささげることを望まれます。
　わたしたちの祈りに対する神の約束がますます実現するように祈ろうではありませんか。

愛する神よ。あなたに感謝します。御言葉を信じ、あなたの約束に依り頼むことにより、わたしたちは大きな業を行うことができるからです。アーメン。

8月31日

9 月

信仰の実践

「わたしの掟を受け入れ、それを守る人は、
わたしを愛する者である。」
(ヨハネによる福音書 14・21)

　従順が兵士の条件であることは確かです。兵士は従順でなければなりません。従順には問いも不平もありえません。従順は信仰の実践です。それは愛の証明です。
　聖霊の賜物が豊かに与えられるかどうかは、愛を伴う従順にかかっています。神への従順は、霊的な豊かさ、心の充足と安定の条件です。
　従順は聖なる町に入るための門、命の木へと導く道です。

　天におられる愛する父よ。心からあなたに従いたいと望みます。従順はあなたの聖霊の賜物に至る門だからです。
　アーメン。

9月1日

わたしたちの目的

だからわたしたちは……キリストの教えの初歩を離れて、
成熟を目指して進みましょう。
（ヘブライ人への手紙6・1-2）

　わたしたちのキリスト者としての歩みにおいて必要不可欠なことはこれです。すなわち、はっきりとした目標を持ち、この目標に向けて進むことです。
　信仰生活の出発点を見失わず、これまで歩いた道のりを測ることも大切です。
　しかし同じように必要なことは、目的を見つめ、目的に達するまでの距離をいつも意識することです。

　愛する神よ。あなたに目を注ぎます。あなたはわたしの信仰を造り、完成してくださる方です。あなたを見失うことがないようにわたしをお助けください。アーメン。

戒めをことごとく守る

「どうか、彼らが生きている限りわたしを畏れ、
わたしの戒めをことごとく守るこの心を持ち続け、
彼らも、子孫もとこしえに幸いを得るように。」
(申命記5・29)

　神の戒めをことごとく守ることは、神が求める従順を示すことです。信者はすべての戒めに従うために助けを与えられるでしょうか。もちろん与えられます。必要なのは、ただ祈ることです。
　神はわたしたちが従うことのできない戒めを与えるでしょうか。決してそういうことはありません。神がその人の力を超えたことを命じた例は、一例たりとも聖書に書かれていません。
　神は実行できないことを命じるほど無慈悲な方でしょうか。決してそのようなことはありません。それは神のあり方に反しています。

愛する主である神よ。あなたに感謝します。あなたは耐えられない試練をお与えになることがないからです。アーメン。

9月3日

天の父

「このように、あなたがたは悪い者でありながらも、
自分の子供には良い物を与えることを知っている。
まして、あなたがたの天の父は、
求める者に良い物をくださるにちがいない。」
（マタイによる福音書 7・11）

　このことをすこし考えてみてください。地上の父親が子どもに実行できないことを命じるでしょうか。そのような意地の悪い父親がいるでしょうか。天の父が地上の父親よりも優しく公正でないことがあるでしょうか。
　神への従順は、地上の父親への従順と、その性格上、基本的に変わるものではありません。それは自分の道を捨てて他の道に従うことです。父の権威と命令に服従することです。

愛する父よ。わたしはあなたの権威に従います。わたしの道を捨ててあなたに従います。あなたは完全な方で、完全な従順をささげるにふさわしい方です。今日もあなたに従うわたしをお助けください。アーメン。

9月4日

従順の報い

「わたしの名によってわたしに何かを願うならば、
わたしがかなえてあげよう。あなたがたは、
わたしを愛しているならば、わたしの掟を守る。」
（ヨハネによる福音書 14・14-15）

　天の父も地上の父親も、命じるのはわたしたちを愛しているからです。命令は、命じられた者のためを思って命じられます。神はわたしたちを富ますために戒めを与えてくださいます。

　ですから従順には報いがあります。従順は報いをもたらします。神が報いてくださいます。だからわたしたちは、神がわたしたちに実行不可能なことを求めないことを知っています。

　従順は愛をもって戒めをことごとく守ることです。それは愛の表現です。

愛する父である神よ。わたしは知っております。あなたが戒めを与えられるのは、わたしたちを富ますためであることを。主よ、あなたに感謝します。あなたは従順に対して報いてくださるからです。アーメン。

9月5日

神に自由に用いられる

もしいけにえがあなたに喜ばれ
焼き尽くす献げ物が御旨にかなうのなら
わたしはそれをささげます。
（詩編 51・18）

　祈りは人を完全な奉献生活へと導きます。奉献生活は祈りの静かな表現にほかなりません。祈りの生活は神への完全な奉献生活が直接もたらす実りです。
　いかなる奉献生活も、すべてにおいて完全なものでなければ、神の御心に適うものとなりません。奉献生活は自分をすべて神に自由に用いていただくことです。神は奉献生活者が祈る人であることを望まれます。
　これがわたしたちが目指すべきはっきりとした目的です。目的がこれ以下のものであってはなりません。

　神よ。今日わたしは自分を完全にあなたにささげたいと望みます。わたしを完全にあなたに委ねます。あなたの御計画のためにわたしをお用いください。アーメン。

9月6日

恵みの助け

律法は聖なるものであり、掟も聖であり、
正しく、そして善いものなのです。
（ローマの信徒への手紙 7・12）

　人間を喜ばすよりも神に喜んでいただくことのほうが簡単です。さらにわたしたちは神が喜んでくださるときに、それが分かります。これが聖霊の証しです。神の子らが父の御心を行い、神の御心に適うことを行うとき、この証しが確証として心に与えられます。
　それゆえ、戒めに従う力を恵みの助けによって与えられるすべての人が、この戒めに従うことができます。わたしたちはこの戒めを守らなければなりません。神の御計画が実現されるためです。
　罪の原因は反抗心です。それは神の権威を否定することであり、神はそれを赦しません。

天の父よ。あなたの戒めを守れるように恵みをお与えください。アーメン。

9月7日

神の助け

神は、おくびょうの霊ではなく、
力と愛と思慮分別の霊をわたしたちにくださったのです。
(テモテへの手紙二 1・7)

堕罪後の人間には従うための力がないと不平を言う人がいるなら、それに対する答えはこれです。キリストの贖いにより、人間には従う力が与えられます。

贖いとは、神の助けです。神はわたしたちの内で働かれます。わたしたちを新たに生まれさせることと、聖霊によって。こうして神は十分な恵みを与えてくださいます。この恵みは、祈りへの答えとして、限りなく与えられます。

ですから、神は戒めを与える一方で、この戒めを守るのに必要な力をも必ず与えてくださいます。このことは真実です。だから、神に従わないことの言い訳はできません。人は畏れ敬いつつ、神に仕えなければなりません。

愛する神よ。キリストはわたしたちのために死んでくださいました。あなたはわたしたちに慰め主である聖霊を与えてくださいました。だからわたしたちはあなたに従い、あなたの戒めを守ることができます。父よ、あなたに感謝します。アーメン。

神の本性にあずかる

わたしの神よ、御旨を行うことをわたしは望み……。
(詩編 40・9)

　神の戒めを守るのは不可能だと言う人は、大切なことを忘れています。

　次のことは真実です。祈りと信仰により、人間の本性は造り変えられ、神の本性にあずかるものとなります。人は、弱く堕落した状態により、神の戒めを守れない無力さから解放されるのです。

　信じる者はこの道徳的な本性の徹底的な変容により、すべてにおいて神に従う力を与えられます。そのため、反抗心は取り除かれ、喜んで御言葉に従う心が与えられます。

神よ。わたしは御心を行いたいと望みます。あなたに感謝します。信仰と祈りにより、わたしたちはあなたに従う力を与えられるからです。アーメン。

9月9日

大胆に玉座の前に立つ

> どのような人が、主の山に上り
> 聖所に立つことができるのか。
> それは、潔白な手と清い心をもつ人。
> むなしいものに魂を奪われることなく
> 欺くものによって誓うことをしない人。
>
> (詩編 24・3-4)

　従順な人は、恵みの座で大胆に願うことができます。
　不従順な人は神に近づくことを恐れ、願いをささげるのをためらいます。このような人はその間違った行いにより退けられます。従順な子らは、信頼をもって大胆に御父の御前に出て、願いをささげます。従順は人を恐れと不従順から解放し、勇気を与えます。
　ためらうことなく神の御心を行うことは、祈る人の喜びまた特権です。潔白な手と清い心を持つ人は、信頼を込めて祈ることができます。

　父よ。ためらうことなくあなたの御心を行うことにより、祈る人の喜びと特権を味わわせてください。あなたの霊によってわたしを導いてください。アーメン。

9月10日

キリスト者の務め

神よ、わたしを究め
わたしの心を知ってください。
わたしを試し、悩みを知ってください。
御覧ください
わたしの内に迷いの道があるかどうかを。
どうか、わたしを
とこしえの道に導いてください。
（詩編 139・23-24）

「キリスト者の務めは祈りである」。これはマルティン・ルターの言葉です。しかし、キリスト者が祈りの務めの秘訣を学ぶ前に学ばなければならない、もう一つの務めがあります。それは、御父の御心への完全な従順です。従順は愛から生まれ、祈りは従順から生まれます。

不従順だった人も祈れる場合があります。涙と罪の告白と完全な痛悔の心をもって神のもとに行くことができるからです。

神はその人に耳を傾け、祈りに答えてくださいます。

神よ。わたしはあなたに従いたいと望みます。神よ、わたしを究め、わたしの心を知ってください。わたしをとこしえの道に導いてください。アーメン。

9月11日

従順の生活

わたしたちは心に責められることがなければ、神の御前で確信を持つことができ、神に願うことは何でもかなえられます。わたしたちが神の掟を守り、御心に適うことを行っているからです。
(ヨハネの手紙一 3・21-22)

　従順の生活は祈りの助けとなります。それは祈りを速やかに玉座へと導きます。神は従順な子の祈りに耳を傾けずにはいられません。疑うことのない従順は天の恵みの座におられる神の目に尊いものです。
　従順の生活は川の流れに似ています。それは単なる生活の改善ではありません。単に表面を塗り替えただけの生活でもありません。形式的に教会に行ったり活動したりすることでもありません。
　従順の生活は社会の要請に外面的に従うことでもありません。真のキリスト教的従順とはそれ以上のことです。

愛する主である神よ。わたしは知っております。あなたへの従順が御心に適うことを。わたしを導き、御声をはっきりと聞かせてください。アーメン。

9月12日

自由に神に近づく

どうか、平和の神御自身が、あなたがたを全く聖なる者としてくださいますように。また、あなたがたの霊も魂も体も何一つ欠けたところのないものとして守り、わたしたちの主イエス・キリストの来られるとき、非のうちどころのないものとしてくださいますように。　　　　　　　　　　（テサロニケの信徒への手紙一 5・23）

　神を中心とした、完全に従順な生活は、いかなる祈りの妨げにも悩まされることがありません。
　熱心に祈りたければ、従順を学ばなければなりません。祈ることを学びたければ、神の御心を行うにはどうすればよいかを熱心に学ぼうとしなければなりません。
　祈りによって神に自由に近づきたければ、罪や不従順による妨げをすべて取り去らなければなりません。
　神は従順な子らの祈りを喜ばれます。

　父である神よ。あなたに従うわたしたちは、御名によってあなたに何でも願うことができ、あなたはそれをかなえてくださいます。あなたの聖なる御名をたたえます。アーメン。

9月13日

涙による清め

同様に、〝霊〟も弱いわたしたちを助けてくださいます。
わたしたちはどう祈るべきかを知りませんが、
〝霊〟自らが、言葉に表せないうめきをもって
執り成してくださるからです。
（ローマの信徒への手紙 8・26）

　神の御心を喜んで行う人の願いは、速やかに神の耳に達します。神はすぐに答えてくださいます。
　涙はそれ自体としては報いではありません。しかし、涙は祈りに役立ちます。涙はわたしたちの願いの場を清めます。自分の罪を嘆くことのない人は、真に祈ることのない人です。涙は時として放蕩息子にできる唯一の祈りです。しかし、涙は過去の罪と過ちに対して流すものです。
　涙を流した後にすべきもう一つのことがあります。疑いなしに従うことです。この従順がなければ、祝福と支えを求める祈りは何の役にも立ちません。

愛する天の父よ。心からの祈りを御前にささげます。わたしの罪を赦し、わたしを憐れんでください。あなたに感謝します。あなたの聖霊はわたしたちの代わりに執り成しの祈りをささげてくださるからです。アーメン。

性格を形づくる

心の曲がった者を主はいとい
完全な道を歩む人を喜ばれる。
（箴言 11・20）

　信仰生活の弱さは、多くの場合、性格を形づくるための霊的な基準を持たないことに由来します。このことはたいてい、祈らないこと、あるいは祈りを軽視することに由来します。
　測る基準がなければ、どれだけ霊的に成長したか分かりません。常に目指す目標がはっきりしていなければならないのです。
　何の刺激もなければ、霊感も与えられないのです。

　父である神よ。日々、イエスに似た者となることだけを望ませてください。アーメン。

9月15日

甘美な体験

いつも喜んでいなさい。絶えず祈りなさい。
どんなことにも感謝しなさい。これこそ、キリスト・イエスにおいて、神があなたがたに望んでおられることです。
（テサロニケの信徒への手紙一 5・16-18）

多くのキリスト者は目標を持たずにいます。自分の振る舞い方や性格を形づくる基準を知らないからです。
彼らは正しい道を歩ませてくれる目標を持っていません。祈りは信仰生活の明確な目標を持つ助けとなります。
実際、祈りそのものが決定的な行為です。それははっきりとした目標を持っています。祈りは決定的に大切なこと、最高のこと、最も甘美な信仰生活を目指すからです。

神よ、あなたに感謝します。あなたが与えてくださった御言葉によってわたしたちは自分の生活を整えます。主よ、あなたはわたしたちの生活に目的と意味を与えてください。アーメン。

9月16日

神にすべてを望む

わたしは、昼も夜も祈りの中で絶えずあなたを思い起こし、
先祖に倣い清い良心をもって仕えている神に、
感謝しています。
（テモテへの手紙二 1・3）

　祈る人は、神が与えてくださるすべてを望みます。祈る人はいい加減な信仰生活で満足できません。
　祈る人は絶えずより多くのものを求めます。いくつかの罪から救われるだけでなく、内的なものも外的なものも含めたすべての罪から救われることを望みます。
　祈る人は罪を犯すことから解放されるだけでなく、罪そのものから解放されることを望みます。罪の本質と力と汚れから解放されたいと望みます。彼らは心と生活の聖性を目指すのです。

愛する主である神よ。わたしはあなたが与えてくださるすべてを望みます。絶えず祈れるように、わたしをお助けください。アーメン。

9月17日

信仰生活の基準

そればかりか、わたしの主キリスト・イエスを知ることのあまりのすばらしさに、今では他の一切を損失とみています。キリストのゆえに、わたしはすべてを失いましたが、それらを塵あくたと見なしています。キリストを得……るためです。
(フィリピの信徒への手紙 3・8-9)

　祈りは、御言葉の内に示された最高の信仰生活を信じ、また目指します。自分で作った基準は、偽りを含み、自らの欲求や快楽に基づきます。それらは常に身体的で低い基準です。
　そこにはキリストを中心とした信仰生活の基本原則が見いだされません。キリストを中心とした信仰生活以外のものに信仰生活の基準を委ねるなら、そこには欠落ばかりが見いだされることになります。

神よ、信仰生活の基準を定めるために、助けをお与えください。わたしは一切を損失とみています。キリストを得るためです。アーメン。

9月18日

宗教的な見解

キリストがわたしたちのために御自身を献げられたのは、
わたしたちをあらゆる不法から贖い出し、良い行いに
熱心な民を御自分のものとして清めるためだったのです。
（テトスへの手紙 2・14）

　宗教者以外の人の意見に基づいて信仰生活のあり方を定めるのは極めて危険です。時流に従った意見で信仰生活の性格を形づくることになるからです。
　ありきたりの信仰生活は血肉に満足します。そこでは克己は行われません。低次元の、この世的な生活を生きる人々もいます。わたしたちはなぜそうであってはならないのでしょうか。しかし、祈らずに安楽に生きる人々は天国に行けるでしょうか。
　天国は祈らずに安楽に生きる人々のための場所でしょうか。これが重要な問いです。

愛する主イエスよ。あなたは道であり、真理であり、命です。あなたはわたしたちを天へと導く道です。アーメン。

9月19日

神の掟

わたしたちは限度を超えては誇らず、
神が割り当ててくださった範囲内で誇る、つまり、
あなたがたのところまで行ったということで誇るのです。
（コリントの信徒への手紙二 10・13）

　祈りを軽視するなら、いかなる信仰生活の基準も意味がありません。祈りを信仰生活の中心に置かない基準には意味がありません。祈りの生活こそが神の掟です。
　主はわたしたちが従うべき模範です。祈りは霊的生活の条件です。これは人間の基準ではなく、神の基準です。わたしたちはこの基準を目指さなければなりません。
　わたしたちの目標を定めるのは、人々の意見ではなく、聖書の言葉でなければなりません。

父よ。わたしは知っております。神の掟は、祈りの生活とあなたへの従順を生きることだということを。あなたがわたしを招いてくださった目標を熱心に目指します。アーメン。

9月20日

完全な奉献生活

自分の体を神に喜ばれる
聖なる生けるいけにえとして献げなさい。
（ローマの信徒への手紙 12・1）

　信仰生活の低い基準は、祈りの低い基準に基づきます。
　わたしたちの信仰生活における万事は、明確さにかかっています。わたしたちの体験と信仰生活の明確さは、信仰生活とは何かに関する見解の明確さにかかっています。完全な奉献生活の道はただ一つです。
　自分を完全に捨てること、すべてのものを心から神にささげること——神が求められるのはこれです。そこにあいまいな要素はありません。このことに関して、他の人々の意見は何の影響も及ぼしません。

　愛する神よ。わたしは生涯を完全にあなたにささげます。わたしはあなたの御心に適う聖なる生活を送りたいと望みます。わたしを導いてください。アーメン。

愛に基づく従順

> 神に願うことは何でもかなえられます。わたしたちが
> 神の掟を守り、御心に適うことを行っているからです。
> （ヨハネの手紙一 3・22）

　愛は従うことを喜び、愛する者を喜ばせます。愛に困難はありません。
　求められても、いらだたないこと——これが、すべての戒めを進んで守る従順です。それが、進んで従う愛です。
　環境や遺伝や傾向によって人は罪を犯さざるをえないと言う人は間違っています。天の父は決してその子らに不可能なことをするように命じません。すべてのことにおいて天の父の御心に適うことは可能です。天の父を喜ばすことは難しいことではないからです。
　天の父の御心に適うことは、すべての神の子らにとって可能です。

　主よ。あなたに感謝します。あなたはわたしに不可能なことを望まれないからです。あなたが力を与えてくださるので、わたしには何でもできます。アーメン。

9月22日

宗教体験

わたしの愛する人たち、いつも従順であったように、わたしが共にいるときだけでなく、いない今はなおさら従順でいて、恐れおののきつつ自分の救いを達成するように努めなさい。あなたがたの内に働いて、御心のままに望ませ、行わせておられるのは神であるからです。　　　　　　　　　（フィリピの信徒への手紙 2・12-13）

　聖書における信仰生活の基準には、明確な宗教体験が含まれます。信仰生活は体験を含みます。新たに生まれることは、明確なキリスト教的体験です。
　霊の証しはあいまいな何かではありません。それは、わたしたちが神の子であるという、聖霊によって与えられる内的な確信です。実際、宗教体験に属するすべてのことは明らかです。それは喜びと平和と愛をもたらすからです。
　これが信仰生活の聖なる基準です。この基準は、絶えざる祈りと、同じ祈りによって生かされ、深められた宗教体験によって実現されます。

神よ。あなたに感謝します。あなたは、わたしが神の子であるという内的な確信を聖霊によって与えてくださるからです。アーメン。

9月23日

神の御心を行う

> 律法全体を守ったとしても、一つの点でおちどがあるなら、すべての点について有罪となるからです。
> （ヤコブの手紙 2・10）

　従順とは何でしょうか。神の御心を行うことです。従順を求める戒めはいくつあるでしょうか。半分を守り、半分を守らないことが、真の従順でしょうか。ただ一つを除いてすべての戒めを守ることが、従順でしょうか。

　一つの戒めを守らないように導く霊は、すべての戒めを守らないように導く霊です。神の戒めはひとまとまりのものです。一つでもそれを破るなら、その原則を揺るがし、全体に影響が及びます。

　ためらわずに一つの戒めを破る人は、同じ調子で、また同じ状況の下に、すべての戒めを破りかねません。

主である神よ。わたしたちの内に住まわれる霊の助けによって、あなたの掟に従うことは可能です。あなたはほめたたえられるにふさわしい方です。アーメン。

9月24日

祈りは愛を生み出す

あなたがたは、朽ちる種からではなく、朽ちない種から、
すなわち、神の変わることのない
生きた言葉によって新たに生まれたのです。
(ペトロの手紙一 1・23)

　祈りは絶えず神の言葉への愛を生み出します。祈りは、神の言葉に従うように人々を導きます。そして、従う人の内に言い表しがたい喜びを注ぎ込みます。
　祈る人と聖書を読む人は、同じ種類の人々です。聖書の神と祈りの神は一つです。神は聖書の中で人に語りかけます。人は祈りによって神に語りかけます。人は神の御心を見いだすために聖書を読み、その御心を行うための力を得るために祈ります。
　聖書を読むことと祈ることは、神を知り、喜ばす人のはっきりとした特徴です。

愛する神よ。あなたに祈るとき、また聖書を読むとき、わたしを導いてください。あなたの御心を見いだすことができますように。アーメン。

9月25日

教会を支える霊

ある人たちの習慣に倣って集会を怠ったりせず……。
（ヘブライ人への手紙 10・25）

　祈りは聖書への愛を生み出し、人々が聖書を読むように仕向けます。これと同じように、祈りは人々が神の家に行って、そこで解き明かされる聖書の言葉を聞くように促します。
　教会に行くことは聖書と密接に結びついています。聖書は集会を怠らないようにと警告しているからです。また、神の選ばれた奉仕者は聖書を解き明かし、会衆にこれを守らせるからです。祈りは、祈る人の内で、教会に行くことをおろそかにしないという決意を強めます。
　祈りは、教会に行こうとする気持ち、教会を愛する心、教会を支える霊を生み出します。祈る人は御言葉の説教を聞き、教会を維持することを喜ぶのです。

　父よ。集会と人々と共に祈ることを怠ることのないよう、わたしたちをお助けください。アーメン。

9月26日

罪から守られる

わたしは仰せを心に納めています
あなたに対して過ちを犯すことのないように。
(詩編 119・11)

　詩編119編は神の言葉の規則集です。3節ないし4節の例外を除いて、すべての節が神の言葉に言及しています。詩編作者はしばしばひざまずいて何度も願いと祈りをささげます。
　この11節で、詩編作者は自分を罪から守るものを見いだします。それは、神の言葉を心に納め、自分のすべてを神の言葉で満たしていただくことです。
　祈りの力は聖書への愛を生み出し、御言葉を喜びとする本性を人々の内に植え付けます。

　天の父よ。あなたの御言葉を心に納めることによって、わたしは過ちから守られます。アーメン。

9月27日

祈りの人イエス

> イエスはお育ちになったナザレに来て、
> いつものとおり安息日に会堂に入……った。
> （ルカによる福音書 4・16）

わたしたちは神の言葉を味わいたいでしょうか。もし味わいたいなら、絶えず祈りに自分をささげなければなりません。

聖書を読みたいと心から思うなら、祈ることを忘れてはなりません。聖書を愛する人は、祈ることも愛します。祈ることを愛する人は、主の掟を喜びとします。

わたしたちの主は祈りの人でした。主は神の言葉を賛美し、しばしば聖書を引用しました。イエスは地上における生涯を通して、安息日を守り、会堂に行き、神の言葉を読みました。イエスの祈りはこれらすべてのこととより合わされています。

愛する父よ。わたしは祈りを通して絶えずあなたに自分をささげます。日々ますますわたしをイエスに似た者としてください。アーメン。

9月28日

隠れたところ

「あなたが祈るときは、
奥まった自分の部屋に入って戸を閉め、
隠れたところにおられるあなたの父に祈りなさい。
そうすれば、隠れたことを見ておられる
あなたの父が報いてくださる。」
(マタイによる福音書6・6)

　聖書を読むことと、祈ることよりも、霊に満たされた生活にとって不可欠なものはありません。
　この二つのことは、あなたを恵みの内に成長させ、キリスト教的生活を送る喜びを与え、永遠の平安への道を確実なものとします。この二つのことをおろそかにするなら、目的のない人生を歩むことになります。
　定期的に神の言葉を読み、隠れた至聖所で習慣的に祈るなら、魂の敵の攻撃から完全に守られます。小羊の勝利の力によって、救いと最後の勝利が保証されます。

神よ。勝利の命を生きることができることをあなたに感謝します。あなたは世に勝っておられるからです。アーメン。

9月29日

聖霊の豊かさと大胆さ

「高い所からの力に覆われるまでは、
都にとどまっていなさい。」
(ルカによる福音書 24・49)

　間違いなく、地上における教会は、祈りは答えられるという主の教えを受けました。
　祈りは必ず答えられるということは、神の言葉が真実であるのと同様です。聖霊が降ったのは、弟子たちが信じたことを実践していたからです。彼らが上の部屋で十日間祈っていると、約束は実現しました。イエスが言われたとおりに答えが与えられたのです。
　祈りへの答えは、弟子たちの信仰と祈りへの答えでした。聖霊の豊かさは、常に忍耐と大胆さをもたらします。

*愛*する父よ。あなたに感謝します。あなたはわたしたちが必要とすることを常にご存じだからです。あなたの聖霊を与えてくださったことを感謝します。アーメン。

9月30日

10 月

聖なる祈り

香の煙は、天使の手から、
聖なる者たちの祈りと共に神の御前へ立ち上った。
（ヨハネの黙示録8・4）

　次のことを理解するのは大切です。ヨハネの黙示録で祈りは重要な位置づけを与えられ、そこから偉大な結果が生じます。このような祈りは、単に祈りの言葉を唱えることではなく、聖なる祈りです。

　力と炎を注ぎつつ、このような祈りをささげるのは、心から神に献身する人々です。この人々は完全に罪から離れ、神のものとしてささげられています。彼らは常にすべての力を祈りにささげます。

　主イエス・キリストは祈りにおいて卓越していました。最高に聖なる方だからです。

　完全な従順は恵みの座の扉を開き、神に影響を及ぼします。

愛する天の父よ。あなたの霊でわたしを導いてください。わたしの祈りが単なる言葉ではなく、聖なる祈りとなりますように。アーメン。

10月1日

人々への憐れみ

主は恵みに富み、憐れみ深く
忍耐強く、慈しみに満ちておられます。
(詩編 145・8)

　自分ではどうすることもできないほど深い困難と苦しみの内にいる人を目にするとき、憐れみが生じます。無力さは憐れみを呼び起こします。
　憐れみは沈黙のうちに起こりますが、手をこまねいていることはありません。それは試練、罪、困難を前にして生じます。
　憐れみはまず、困難の内にある人のための熱心な祈りとしてあふれ出て、人々に寄り添います。人々のための祈りは憐れみの心から生まれます。
　憐れみが心に感じられるとき、祈りは自然に湧き出ます。祈りは憐れみ深い人のものです。

愛する神よ。人々に対する憐れみ深い心をお与えください。わたしはあふれる憐れみの心をもって人々のために祈りたいと望みます。アーメン。

10月2日

苦しみを通して学ぶ

「わたしの名によってわたしに何かを願うならば、
わたしがかなえてあげよう。」
（ヨハネによる福音書 14・14）

愛と従順はわたしたちを祈りへと導きます。それはわたしたちをキリストの富の共同の相続人とします。聖霊はわたしたちと共に、わたしたちの内に住まわれます。この聖霊を通して、わたしたちはキリストの豊かな恵みを与えられます。神への従順はわたしたちを実り豊かな仕方で祈る者とします。

イエスは苦しみを通して従順を学ばれました。同時にイエスは、従順を通して祈ることを学ばれました。正しい人の祈りは大きな実りを生みます。それと同じように、正しさとは神への従順です。

正しい人とは従順な人です。正しい人がひざまずいて祈るとき、彼は大きなことを成し遂げます。

全能の神よ。わたしは知っています。正しい人の祈りには力があり、実りをもたらすことを。しかしわたしはこのことも知っています。正しさとはあなたに従うことです。従順であることができるように、わたしをお助けください。わたしは生涯をもってあなたをたたえたいと望みます。アーメン。

10月3日

多くの収穫

「収穫は多いが、働き手が少ない。だから、収穫のために
働き手を送ってくださるように、収穫の主に願いなさい。」
（マタイによる福音書 9・37-38）

聖書にはこう書かれています。主は仕事に疲れきった弟子たちを招いて、休ませました。

しかし群衆が主よりも先に押し寄せ、主は独りになって休むことができませんでした。大勢の群衆が主を見、その言葉を聞き、癒やされることを望んだからです。主は憐れみで心を動かされました。実った畑は働き手を求めていました。

主は働き手をすぐに招くのではなく、神に祈るように弟子たちを励ましました。収穫のために働き手を送ってくださるようにと。

愛する父よ。イエスのように憐れみ深い心をお与えください。御子を生活の中に進んで受け入れる、実った心を見いだすことができますように。アーメン。

10月4日

待ち望む祈り

主に感謝せよ。主は慈しみ深く
人の子らに驚くべき御業を成し遂げられる。
主は渇いた魂を飽かせ
飢えた魂を良いもので満たしてくださった。
（詩編 107・8-9）

祈りの真の要素と働きに関する多くの誤解があります。多くの人が祈りへの答えを熱心に望みますが、報いと祝福を受けることがありません。

彼らは神の偉大な約束に心を向けます。このことは信仰を強める助けとなります。しかし、粘り強く熱心な祈り——信仰が増し加わるのを待ち望む祈り——をこの約束に加えなければなりません。

絶えず喜んで神に従う人のほかに、誰がこのような祈りをささげることができるでしょうか。

主よ。あなたに感謝します。あなたはよいものでわたしたちを満たしてくださるからです。わたしはあなたに目を注ぎながら祈ります。わたしの心をもっと従順にしてください。アーメン。

10月5日

祈りの実りは信仰である

堅固な思いを、あなたは平和に守られる
あなたに信頼するゆえに、平和に。
（イザヤ書 26・3）

　信仰は、魂が神に従う行為でもあります。神の言葉と霊がこのような魂の内に住まわれます。
　祈るために信仰がなければならないのは事実です。しかし、信仰は、その最も力強い形において、祈りの実りです。
　信仰が祈りの力と効果を強めるのは事実です。同様に、祈りが信じる力と効果を強めることも事実です。
　祈りと信仰は共に働きます。

愛する父よ。わたしは心からあなたに従います。あなたの真理でわたしをとこしえの道へと導いてください。アーメン。

10月6日

深い憐れみ

群衆が飼い主のいない羊のように弱り果て、
打ちひしがれているのを見て、深く憐れまれた。
（マタイによる福音書9・36）

　まずイエスは、群衆が飢えて、打ちひしがれているのを御覧になりました。次いでイエスは憐れみを覚えて、群衆のために祈ります。
　群衆の悲惨、不幸、苦しみを見ても心を動かされない人は、かたくなでキリストとはかけ離れた人です。その人には人々のために祈る心がありません。
　憐れみは常に人々を動かすわけではないかもしれませんが、人の心を他の人へと動かすはずです。そして、人々の苦しみに答えるすべがないときにも、少なくとも人々のために神に熱心に祈ることは可能です。

　父である神よ。あなたに癒やしていただくことを望む群衆を見て、何も感じずにいることがありませんように。人々の必要に答えられるときにわたしをお助けください。答えられないときには、祈れるようにお助けください。アーメン。

10月7日

人間を超えた力

わたしを強めてくださる方のお陰で、
わたしにはすべてが可能です。
(フィリピの信徒への手紙 4・13)

　神への従順は、他の何ものにもできない仕方で、信仰を助けます。人が神の聖なる戒めの意味と重要さを認めるなら、神を信じることはたやすくなります。神への従順は神を信じ、信頼することを容易にします。
　魂が従順の心で完全に満たされ、意志が完全に神に服従するとき、信仰は真実なものとなります。そのとき信仰は自発的な行為となります。従順は自然に信仰へと歩みを進めます。
　それゆえ、祈りにおける課題は信仰ではなく従順です。従順こそが信仰の土台だからです。

　主よ。あなたへの信仰を真実なものとしてください。わたしをあなたの従順な僕にしてください。全地で御名がたたえられますように。アーメン。

10月8日

信頼と従順

主よ、御名を知る人はあなたに依り頼む。
あなたを尋ね求める人は見捨てられることがない。
（詩編9・11）

よく祈りたいと望むなら、従順でなければなりません。従順がわたしたちを神へと近づけるからです。

不従順な生き方をすれば、祈りは極めて貧しいものとなります。従順でない人は決して真の意味で祈ることができません。

わたしたちの意志を神に従わせなければなりません。これが実りをもたらす祈りの第一の条件です。わたしたちが行うすべてのことは、内なる性格によって特徴づけられます。

わたしたちの意志がわたしたちの性格と行動様式を定めます。わたしたちはただ信頼し、従順でなければなりません。信頼と従順以外に、イエスの内に幸いを見いだす方法はありません。

天の父よ。わたしは自分の意志をあなたに従わせます。あなたに信頼し、従順でありさえすれば、あなたは喜びと幸いをお与えくださるからです。アーメン。

10月9日

霊的な憐れみ

まっすぐな人には闇の中にも光が昇る
憐れみに富み、情け深く、正しい光が。
(詩編 112・4)

　霊的な憐れみは新たにされた心から生まれます。
　この憐れみは魂を優しい心をもって動かします。
　憐れみは罪と悲しみと苦しみを前にして生じます。憐れみの反対は、人々の困難と苦しみに対する無関心です。無関心な人は、困窮や試練のただ中にあっても、無感覚でかたくなな心のままでいます。
　憐れみは人々に寄り添い、関心を持ち、関わります。

全能の神よ。世の苦しみと罪と悲しみを目にするとき、わたしを、あなたに飢え渇く人々を助ける手足としてお用いください。アーメン。

10月10日

御父の御心を行う

> 聖であり、罪なく、汚れなく、罪人から離され……。
> （ヘブライ人への手紙 7・26）

　主イエス・キリストは祈りの内に直ちに神に近づきました。御父への疑うことのない従順のゆえに、自由かつ完全に神に近づくことができたのです。

　地上での生涯を通じて、イエスの最高の望みは御父の御心を行うことでした。自分の生涯はそのためのものであるという自覚が、イエスに信頼と確信を与えました。

　こうしてイエスは、従順から生まれる限りのない信頼をもって恵みの座に近づくことができました。そして、御父に受け入れられ、聞き入れられ、答えられることを約束されました。

　わたしたちは愛と従順によって、どこにあっても、御名によって何でも願うことができます。御父がそれをかなえてくださることを確信しているからです。

　父である神よ。わたしは愛と従順と神であるあなたへの畏れをもって御座に近づきます。あなたに感謝します。あなたに近づくとき、あなたもわたしたちに近づいてくださることを、あなたは確信させてくださるからです。アーメン。

10月11日

憐れみの心

「安心して行きなさい。温まりなさい。
満腹するまで食べなさい」
（ヤコブの手紙 2・16）

　困っている人に何かを与えようとする、ある種の憐れみは、人間に生まれつき備わっているものです。

　しかし、キリストに似せて新たに生まれた心から生じる、霊的な憐れみは、これよりもさらに深く、広いもので、それは祈りに似ています。キリストの憐れみは人を常に祈りへと促します。

　憐れみは盲目ではありません。憐れみの心を持っている人は、ものを見る目を持っています。その目はまず、憐れみを呼び起こすものごとに向かいます。人間の罪や困窮や悲しみを見る目を持たない人は、人間に対する憐れみを持ちません。

愛する父よ。わたしの目をこの世の罪と傷に対して開いてください。わたしは人々と違う生き方をしたいと望みます。御名がたたえられるためです。どうかわたしを導いてください。アーメン。

10月12日

祈りと行い

「わたしに向かって、『主よ、主よ』と言う者が皆、
天の国に入るわけではない。わたしの天の父の
御心を行う者だけが入るのである。」
(マタイによる福音書7・21)

　このことを心に留めてください。祈りは単に雄弁に語ることではありません。「主よ、主よ」と優しい口調で唱えることではありません。祈りとは、神への従順です。神に従う者だけが祈ることができます。祈る人は、その前に行わなければなりません。祈りに力を与えるのは、日々の生活の中で神の御心を絶えず行うことです。
　神の御心を行うことが伴わなければ、どれほど高貴な名も、祈りを守り、それに力を与えることはできません。また、祈りの伴わない行いは、神に退けられることから人を守ることができません。
　祈りがわたしたちの業を力づけ、清め、導いていないとき、我意が入り込み、業をも、業を行う人をも台無しにします。

10月13日

　全能の神よ。どうかわたしたちの内に住まわれるあなたの霊の助けによって、わたしの祈りが口先だけのものではなく、実りをもたらす言葉となりますように。アーメン。

罪人への憐れみ

主の慈しみは決して絶えない。
主の憐れみは決して尽きない。
（哀歌3・22）

　憐れみは肉体と欲求に向かうだけではありません。魂の苦しみと必要と危険も、憐れみを求めます。
　最高の恵みの状態は、罪人への憐れみによって示されます。この憐れみは恵みに属するもので、人々の肉体だけでなく不滅の霊魂にも目を向けます。特にその霊魂が罪に汚れ、不幸にも神から離れ、永遠に失われる危険にさらされているときに。
　人々が死に瀕しながら神へと向かうさまを見るとき、憐れみはこの罪人のために執り成すのです。

父である神よ。あなたの憐れみのゆえに、あなたを賛美します。あなたに感謝します。あなたは尽きることのない憐れみと愛を示してくださったからです。アーメン。

10月14日

祈りがなければ収穫はない

「だから、収穫のために働き手を送ってくださるように、
収穫の主に願いなさい。」
（マタイによる福音書9・38）

　教会はこう祈るよう招かれています。主の畑のための働き手を送ってくださいと。収穫のための働き手が少ないのは、教会がイエスの命じられたとおり働き手を送ってくださるよう祈らないからです。
　神の選ばれた働き手だけが、収穫に向かうことができます。キリストの憐れみと力をもって。
　死に瀕した人々、苦しみのうちにある魂に対するキリストの憐れみをもって祈る、キリストに属する人——この人々こそが、地上の必要と天の計画に答える働き手です。

主よ。

わたしはあなたの僕として御前で祈ります。あなたを必要とする人々の心に触れるために、わたしをお用いください。アーメン。

10月15日

主である神

わたしの思いは、あなたたちの思いと異なり
わたしの道はあなたたちの道と異なると
主は言われる。
（イザヤ書 55・8）

　神は天と地の主であり、収穫の働き手を決められるのも神です。誰も神の代わりとなることはできません。
　祈りは神を主としてたたえ、知恵に満ちた聖なる選びを示してくださるように願います。祈りは神に願います。収穫の働き手として適した最良の志願者を送ってくださいと。
　キリストは罪人を贖ってくださいました。この世に対する憐れみに促されて、教会は罪人のために祈ります。そして、収穫の主に、収穫のために働き手を送ってくださるようにと祈るのです。

父である神よ。わたしは知っています。あなたは必ずしも御業のために優秀な人間を用いられるのではないことを。時としてあなたは、わたしのような平凡な人間を用いて、あなたの収穫のために働かせてくださるのです。アーメン。

10月16日

偉大な大祭司

この大祭司は、わたしたちの弱さに同情できない方ではなく、
罪を犯されなかったが、あらゆる点において、
わたしたちと同様に試練に遭われたのです。
(ヘブライ人への手紙 4・15)

　天におられる方はわたしたちのために執り成してくださいます。このことを思うとき、わたしたちの心はどれほど慰めに満たされることでしょうか。主は憐れみと恵みに満ちておられます。主はわたしたちの偉大な大祭司です。
　主は憐れみに満ちて、御父の右の座でわたしたちのために執り成してくださいます。そうであれば、わたしたちもまた、すべてのことについて他の人に対して同じ憐れみを持ち、常に彼らのために祈らなければなりません。
　わたしたちは憐れみの深さに応じて、他の人のために祈ることもできるのです。

　主イエスよ。あなたに感謝します。あなたはわたしたちのために御父に執り成してくださいます。わたしの周りにいる、困っている人々のために、わたしにもあなたの憐れみを分け与えてください。アーメン。

10月17日

聖なる場所

どうか、平和の神御自身が、あなたがたを全く聖なる者としてくださいますように。また、あなたがたの霊も魂も体も何一つ欠けたところのないものとして守り、わたしたちの主イエス・キリストの来られるとき、非のうちどころのないものとしてくださいますように。　　　　　　　　（テサロニケの信徒への手紙一5・23）

　祈りは場所、時間、場合、環境に影響します。祈りは、神と、神と関わりのあるすべてのものと関係するからです。
　祈りは神の家と特別に親しい関係を持っています。教会は、汚れた世俗的な目的から離れた、聖なる場所でなければなりません。神を礼拝する場所だからです。礼拝は祈りです。だから神の家は礼拝のためだけの場所でなければなりません。
　神の家は普通の場所ではありません。それは、神がそこに住まい、御自分の民と出会い、御自分の聖なる人々のささげる礼拝を喜ぶ場所です。

全能の神よ。あなたに感謝します。わたしたちは教会で信じる人々と共にあなたを礼拝し、御前に進むことができるからです。あなたの家を礼拝と賛美のための聖なる場所として保たせてください。アーメン。

10月18日

祈りの家

「こう書いてある。
『わたしの家は、祈りの家と呼ばれるべきである。』」
（マタイによる福音書21・13）

　神の家は常に祈りを迎え入れます。もし神の家が祈りを排除するなら、そこは神の家ではなくなります。
　主が神殿から商売をする人々を追い出したのは、教会のあるべき姿を強調するためです。主は、祈りが神の家において何よりも重要であることを示します。もし神の教会から祈りを遠ざけるなら、神の教会は神の家でなくなります。
　祈りは神の家で完全なくつろぎを感じます。祈りは神の家の客人でも旅人でもありません。祈りは神の家の家族です。神が祈りをそこに置かれたのです。

父である神よ。教会に集ってあなたをたたえる、わたしたちの祈りをお聞きください。アーメン。

10月19日

宣教の精神

彼のために人々が常に祈り……ますように。
（詩編 72・15）

　詩編72編はメシアについて預言します。祈りは、人々を救うメシアの到来を祈ります。イエスが始められた救いの計画の実現を祈ります。

　イエス・キリストの精神は宣教の精神です。主イエス・キリスト御自身が最初の宣教者です。イエスの約束と到来が、最初の宣教活動を開始しました。宣教の精神は、福音の一部分でも、救いの計画の一つの特徴にすぎないものでもなく、霊と命そのものです。

　神の霊に触れた人は皆、福音を世に広めるように促されるのです。

神よ。あなたの霊でわたしに触れてください。人々がわたしの内にイエスを見いだすことができますように。アーメン。

10月20日

明日への恐れ

「だから、明日のことまで思い悩むな。」
（マタイによる福音書6・34）

　「思い悩む」という言葉は、精神が違う方向に導かれ、不安になり、慌てることを意味します。イエスは山上の説教の中でこのことを戒めます。
　イエスは御自分の民に、何を食べようか、何を着ようかという不要な心配から自由な、心の平安の秘訣を示そうとされました。明日の災いを考える必要はないのです。
　主は、明日や、災いや、体に関する物質的な必要について心配することを戒めます。それは、幼子のように神に完全に信頼することを教えるためです。

愛する主よ。あなたの御言葉によって教えてくださることを感謝します。あなたはわたしたちの必要とすることを知り、それらをすべてかなえてください。アーメン。

10月21日

聖なる場所

わたしは魂を注ぎ出し、思い起こす
喜び歌い感謝をささげる声の中を
祭りに集う人の群れと共に進み
神の家に入り、ひれ伏したことを。

(詩編 42・5)

　祈りは、れんがやセメントや木を、主がそこに住まわれる聖なる場所に変えます。祈りは教会を、その精神と目的において、他のあらゆる建物とは別のものとします。

　神の家は祈りによって聖所となります。こうして移動する幕屋は至聖所となりました。そこで神に祈りがささげられるからです。

　祈りがなければ、どれほどお金をかけ、完璧に設計され、美しくても、単なる人間の建物にすぎません。神がそこにおられないからです。

神よ。わたしたちは祈りによって単なる建物を聖なる礼拝の場に変えます。偉大な祈りの賜物を与えてくださったあなたに感謝します。アーメン。

10月22日

神に招かれた人

> イエスは彼らを見つめて言われた。
> 「人間にできることではないが、神にはできる。
> 神は何でもできるからだ。」
> （マルコによる福音書 10・27）

　もし神の民がなすべき祈りをささげるなら、かつて起こった偉大なことが再び起こります。そのとき福音はこれまでにない力を示します。
　もしキリスト者が力強い信仰をもって、熱心に、なすべき祈りをささげるなら、神に招かれた民は、行って、世界中に福音を告げ知らせるでしょう。福音に強められた人は、行って、諸国の至るところで、キリストへの聖なる炎をかき立てることでしょう。
　こうしてすべての民が、救いの福音を耳にし、イエス・キリストを救い主として受け入れることになります。

愛する父よ。わたしはキリスト者としてなすべき祈りをささげたいと望みます。あなたのそばへとわたしを導いてください。あなたの御声を聞き、どこでも御名を告白することができますように。アーメン。

10月23日

聖なる学び舎

彼らは神の律法の書を翻訳し、意味を明らかにしながら
読み上げたので、人々はその朗読を理解した。
(ネヘミヤ記 8・8)

　神の家は祈りの家です。それゆえ、祈りは神の家でなされるすべてのことに霊感を与えなければなりません。
　祈りは教会でなされるすべての業と関わります。神の家は祈りの家です。それゆえ、そこは祈らない人を祈る人に変える場でもあります。
　神の家は聖なる学び舎です。そこでは祈りが教えられ、人々は祈ることを学びます。そして祈りの学び舎から卒業していくのです。

神よ。わたしたちはあなたの家でどう祈るかを学びます。御言葉により御自身を示してくださるあなたに感謝します。アーメン。

10月24日

宣教に反対するキリスト者

「あなたがたの上に聖霊が降ると、
あなたがたは力を受ける。そして、エルサレム
ばかりでなく、ユダヤとサマリアの全土で、
また、地の果てに至るまで、わたしの証人となる。」
（使徒言行録1・8）

「宣教に反対するキリスト者」は形容矛盾です。そのようなキリスト者はありえないからです。人々を宣教へと促さないことは、神にも人にも不可能です。

宣教への促しは主イエス・キリストの心に脈打つ鼓動です。キリストは教会全体に御自分の命の力を注ぐからです。神の民の霊的生活の発展と衰退は、この鼓動にかかっています。

キリストの命の力が死ねば、死が訪れます。宣教に反対する教会も死んだ教会です。それは、宣教に反対するキリスト者が死んだキリスト者であるのと同じです。

主よ。わたしが宣教に反対するキリスト者になることがありませんように。わたしの心に熱意と情熱の炎を燃え立たせてください。あなたをたたえることができますように。アーメン。

10月25日

宣教の時代

なぜなら、
キリストの愛がわたしたちを駆り立てているからです。
わたしたちはこう考えます。
すなわち、一人の方がすべての人のために
死んでくださった以上、すべての人も死んだことになります。
(コリントの信徒への手紙二 5・14)

　わたしたちは宣教の時代を生きています。宣教運動は、冷たく命を欠いた人々の中にも希望を呼び覚まし、熱意を燃え立たせています。
　しかし、危険が存在します。それは、宣教の精神に宣教運動が先行することです。
　これはこれまでも常に教会に存在した危険です。本質と精神を見失い、宣教運動を行うことに満足して、この運動に精神を注がないからです。

神よ。今日わたしは福音を宣べ伝えるすべての宣教者のために祈ります。彼らを導き、守り、あなたの豊かな祝福によって祝福してください。アーメン。

10月26日

公の礼拝における個人の祈り

息あるものはこぞって　主を賛美せよ。
ハレルヤ。
（詩編 150・6）

　神の家は礼拝集会のための聖なる場所です。静かな部屋は個人の祈りのためのものです。しかし、神の家にも個人的な礼拝の要素が存在します。

　公の礼拝においても、神の民は個人として神を礼拝し、神に祈らなければなりません。教会は神の家族が一つになって祈るためのものですが、一人一人の信者のためのものでもあります。

　教会の命、力、栄光は祈りです。一人一人の教会員の命は祈りにかかっています。神が共にいてくださることは、祈りによって保証されます。祈りの場は祈りの務めによって聖なるものとされます。祈りがなければ、教会は生命と力を失います。

愛する父よ。あなたの霊の助けによって、あらゆる時に、あらゆる祈りと願いをもって祈らせてください。アーメン。

10月27日

資金か祈りか

わたしの神は、御自分の栄光の富に応じて、
キリスト・イエスによって、あなたがたに
必要なものをすべて満たしてくださいます。
（フィリピの信徒への手紙 4・19）

　宣教に資金が必要だという話を熱心に聞かされることは多くても、祈りが必要だと言われることはあまりありません。
　教会指導者に共通の考えは、資金が得られれば、その後に祈るというものです。しかし、教会が熱心に祈り、宣教の精神を確かなものとするなら、資金は当然のように集まるのです。
　霊的な務めが当然のことのように見なされるなら、それは行われなくなります。霊的な領域は、重視されて初めて生きたものとなるのです。

　父である神よ。あなたはわたしたちの必要とするものを豊かに与えてくださいます。このことを知らせてくださるあなたに感謝します。わたしたちがすべきなのは、ただ祈り、願うことだけです。アーメン。

10月28日

神の思いから生まれるもの

「わたしは、父が約束されたものをあなたがたに送る。
高い所からの力に覆われるまでは、
都にとどまっていなさい。」
（ルカによる福音書 24・49）

　宣教とは、キリストについて聞いたことのない人々に福音を伝えることです。それは、主イエス・キリストによる救いを聞き、福音の祝福を受ける機会を与えることです。
　福音の恵みにあずかっている人は、福音を知る権利を全人類に与えなければなりません。祈りは宣教と深く関わります。
　祈りも宣教も神の思いから生まれます。祈りは宣教を生み出し、実りをもたらします。宣教が実りを生むかどうかは祈りにかかっています。

　わたしは福音を人々に伝えたいと望みます。人々があなたの恵み深い御手から恵みと祝福を受けることができますように。アーメン。

10月29日

祈りは与える精神を生み出す

わたしたちにとっては、唯一の神、父である神がおられ、万物はこの神から出、わたしたちはこの神へ帰って行くのです。また、唯一の主、イエス・キリストがおられ、万物はこの主によって存在し、わたしたちもこの主によって存在しているのです。
 （コリントの信徒への手紙一 8・6）

　何かを与える人は、必ず祈るわけではありません。現代の宣教運動の欠点の一つがここにあります。与えることと祈ることが切り離されるのです。人々は祈りに関心を持たず、与えることだけが強調されます。しかし、真に祈る人こそが、与えるように促されるのです。
　祈りは与える精神を生み出します。祈る人は進んで、自らを顧みずに与えます。神に祈る人は、自分の財布の中身も神にささげます。機械的で投げやりな与える態度は、祈りの精神を殺します。
　物質的なものを強調し、霊的なものをないがしろにするなら、霊的なものは無視されるのです。

全能の神よ。物質的に、あるいは精神的に困っている人に向けてわたしの目と心を開いてください。あなたの聖霊によってわたしを導いてください。アーメン。

10月30日

与える恵み

シオンのために、わたしは決して口を閉ざさず
エルサレムのために、わたしは決して黙さない。
彼女の正しさが光と輝き出で
彼女の救いが松明のように燃え上がるまで。
(イザヤ書62・1)

　現代の宗教運動の中で、祈りではなくお金が大きな役割を果たしているのは、まことに驚くべきことです。
　これとは反対に、不思議なことには、初期キリスト教で福音を宣べ伝えるのに役割を果たしたのは、お金ではなく祈りでした。与える恵みを何よりも育てるのは、祈りのうちに静かに神と共に過ごす時間です。
　神の国が広まるのは、絶えざる祈りによってであって、献金箱にとってではありません。

　天の父よ。祈りがものごとを変えることが、今日あらためて分かりました。主よ、わたしたちの祈りはあなたを動かします。お金が生活の中で重要な位置を占めることがありませんように。わたしはあなたを何よりも優先します。アーメン。

10月31日

11 月

戦いの時に祈る

どのような時にも、〝霊〟に助けられて祈り、
願い求め……なさい。
（エフェソの信徒への手紙6・18）

　エフェソの信徒への手紙6章でパウロが述べたキリスト者の兵士の記述は簡潔で詳細なものです。キリスト者の兵士は常に戦いの時を過ごします。
　順境の時があれば逆境の時もあり、勝利の時があれば敗北の時もあります。キリスト者の兵士はあらゆる時に祈らなければなりません。戦いに赴く時には武具も身に着けなければなりません。キリスト者の兵士は戦いに勝つために熱心に祈らなければならないのです。
　こうして初めてキリスト者の兵士は、長年の敵である悪魔とその配下の者たちに打ち勝つことができます。いかなる時にも祈ることが、すべてのキリスト者の兵士に与えられた神からの指示なのです。

愛する神よ。わたしたちに対するキリストの愛によって、わたしは勝利を得ます。戦いに勝つために、わたしはただ祈るしかありません。わたしをお助けください。アーメン。

11月1日

怠惰な教会員

兄弟たち、わたしたちは、わたしたちの
主イエス・キリストの名によって命じます。
怠惰な生活をして、わたしたちから受けた教えに
従わないでいるすべての兄弟を避けなさい。
（テサロニケの信徒への手紙二 3・6）

　テサロニケの教会は立派な教会でしたが、それでも、教えに従って生きていない人々の世話に関する指示と警告を必要としました。
　神の御心に適わなかったのは、教会内に怠惰な人々がいたからだけではありません。彼らが許され、その悪い行いを矯正するとか、教会の交わりから追放するなどの処置が取られなかったためです。
　教会が怠惰な教会員に注意を払わないのは、祈りの欠如の悲しむべきしるしです。

父よ。あなたの教会を導いてください。あなたの教えに従って生きていない者を見過ごすようなことがないように。わたしたちを、彼らをあなたに立ち帰らせるための道具としてください。アーメン。

11月2日

キリスト者の生活は戦いである

キリスト・イエスの立派な兵士として、
わたしと共に苦しみを忍びなさい。
（テモテへの手紙二 2・3）

　多くの人がキリスト者の生活を誤解しています。現代の平均的な信者はキリスト者の戦いについて何も知らないように見えます。いかに世と悪魔と肉が信者の歩みを妨げるかを知らずにいるのです。

　ここに現代のキリスト教の最大の欠点を見いだすことができます。そこには兵士として戦う要素が少しもありません。軍隊生活の特徴である、規律、自己否定、克己と決断が欠けているのです。

　にもかかわらず、キリスト者の生活は戦いです。わたしたちはキリストの兵士として、戦いを立派に戦い抜き、苦難を耐え忍ばなければなりません。

　全能の父よ。わたしを強めてください。キリストのよい兵士として、あらゆる苦難を耐え忍ぶことができますように。アーメン。

11月3日

無秩序な振る舞い

兄弟たち、万一だれかが不注意にも何かの罪に陥ったなら、〝霊〟に導かれて生きているあなたがたは、そういう人を柔和な心で正しい道に立ち帰らせなさい。あなた自身も誘惑されないように、自分に気をつけなさい。

(ガラテヤの信徒への手紙6・1)

　教会は互いに助け合う組織です。それゆえすべての教会員を注意深く配慮しなければなりません。粗暴な振る舞いを見過ごしてはなりません。
　教会の仕事は、教会員を増やすことだけではなく、教会員が教会に加わった後に、彼らを見守り、守ることです。誰かが罪の道に入ったなら、教会員はその人を神の道に立ち帰らせなければなりません。
　しかし、誰かが意図的に罪を犯したとき、その人を教会から取り除かなければなりません。これが、主が御自身の教会に与えた教えです。

　天の父よ。人々があなたの教会を安全な港、安息と慰めの場所として見いだすことができますように。教会があなたの民を守り、見守る働きを導いてください。アーメン。

11月4日

願うこと

どのような時にも、〝霊〟に助けられて祈り、
願い求め、すべての聖なる者たちのために、
絶えず目を覚まして根気よく祈り続けなさい。
（エフェソの信徒への手紙 6・18）

　祈りの力は、戦いの響きの最中で最も力を発揮します。パウロは優れた意味で十字架の兵士でした。パウロが力を失ったとき、彼は何を頼りとすることができたでしょうか。
　それは戦いの重要な時でした。祈りの力以外の何が彼に力を与えることができたでしょうか。答えは、他の人の祈りです。彼と共に信じる人々の祈りです。
　これが自分にさらなる力を与えてくれると、パウロは信じました。こうして彼は戦いに勝ち、最終的に敵に打ち勝ったのです。

　愛する父よ。わたしは戦いの最中で御前に静かにとどまります。わたしの魂を新たにし、わたしの信仰を強め、あなたの栄光のために戦いを立派に戦い抜くことができるように、お助けください。アーメン。

11月5日

利己的な祈り

願い求めても、与えられないのは、自分の楽しみのために
使おうと、間違った動機で願い求めるからです。
（ヤコブの手紙 4・3）

　兵士の祈りは、軍隊全体の勝利と前進についての深い関心を反映しなければなりません。戦いは個人でするものではないからです。
　勝利は独りで得られるものではありません。神への祈り、神の聖なる人々の試練と務めと十字架——これらすべてがキリスト者の兵士の祈りを通してささげられるのです。
　兵士は自分のことだけを祈るのではありません。利己的な祈りは霊的な祝福をすぐに失わせます。神の軍隊全体と共に、神の御心に沿って祈らなければなりません。

父である神よ。あなたに祈るとき、わたしの思いを清め、正しいものとしてください。わたしが利己的な祈りをささげるのではなく、あなたの御心が行われることを祈れるように、わたしを導いてください。アーメン。

11月6日

目を覚ましていること

「目を覚まして祈っていなさい。」
（マタイによる福音書26・41）

　キリスト者の兵士は絶えず目を覚ましていなければなりません。彼に立ち向かっている敵は、眠らず、決して隙を見せずに、戦いに勝とうと待ち構えているからです。
　目を覚ましていることは、キリスト者の兵士の根本的な原則です。決して持ち場で居眠りをすることは許されません。そのようなことがあれば、救いの指導者である方の怒りを招くだけでなく、自分を危険にさらすからです。
　それゆえ、目を覚ましていることは主の兵士に必要なことなのです。

　主よ。あなたの御言葉は言います。誘惑に陥らぬよう、目を覚まして祈っていなさいと。わたしをあなたの軍隊にふさわしい兵士としてください。アーメン。

目を覚ましていなさい

どのような時にも、〝霊〞に助けられて祈り、
願い求め……なさい。
（エフェソの信徒への手紙 6・18）

　新約聖書で用いられる「目を覚ます」という言葉には三つの異なる意味があります。第一は「眠っていないこと」です。それは目覚めた頭の状態を表します。第二は「完全に起きていること」です――怠惰のせいで恐ろしいことが突然起こらないように。第三は「落ち着いて、精神を集中させていること」です。すなわち、あらゆる誘惑と散心に気をつけることです。

　パウロはこれら三つの意味をすべて用います。そのうち二つは祈りに関連して用いられます。目を覚ましていることは、霊的な人間を守り、祈りへと整えます。準備不足と不注意は祈りにとって致命的なものです。

父よ。絶えず目を覚まして祈るのが大切であることが分かりました。敵は腹をすかせたライオンのように周りをうろついているからです。主よ、悪魔に立ち向かえるようにわたしをお助けください。アーメン。

11月8日

目を覚ましている兵士

いつもの場所に来ると、イエスは弟子たちに、
「誘惑に陥らないように祈りなさい」と言われた。
(ルカによる福音書 22・40)

　キリスト者の兵士は、戦いの中で熱心に祈らなければなりません。彼の勝利は、戦いではなく祈りにかかっているからです。
　祈りと願いによって神の武具を強めなければなりません。聖霊は御自身の熱い祈願をもって祈りを助けてくださいます。兵士は霊の内に祈らなければなりません。
　他の戦いと同様に、いつも目を覚ましていることが勝利のために支払うべき代価です。ですから、目を覚まし、粘り強く祈ることが、キリスト者の兵士の活動の特徴なのです。

　神よ。わたしを、あなたへの祈りに頼るキリスト者の兵士としてください。あなたの霊によって、目を覚まして、粘り強く祈ることができますように。アーメン。

11月9日

執り成し

「二人または三人がわたしの名によって集まるところには、
　　わたしもその中にいるのである。」
（マタイによる福音書 18・20）

　敬虔なパスキエ・ケネル（1634－1719年）はこう述べています。「神は一致と合意の中に見いだされる。祈りにおいてこれ以上に効果的なものはない」。
　執り成しは祈りと願いを結びつけます。「執り成し」という言葉は必ずしも「他の人のための祈り」を意味しません。この言葉の意味は「集まること、自由に交わる親しい友となること」です。
　それは親しく、大胆で、自由な祈りです。マタイによる福音書の箇所は祈る教会の姿を示します。教会の力は祈りの内にあります。

　主よ。あなたに感謝します。二人または三人があなたの御名によって集まるところには、あなたもその中におられることをわたしたちは知っているからです。あなたの聖なる御名をたたえます。アーメン。

教会の規律

「それでも聞き入れなければ、教会に申し出なさい。
　教会の言うことも聞き入れないなら、
　その人を異邦人か徴税人と同様に見なしなさい。」
（マタイによる福音書 18・17）

　今や過去のものとなっている教会の規律は、祈りと共に歩みます。過ちを犯している人を教会から切り離さない教会は、神との交わりを持ちません。
　教会の清さは教会の祈りに先立ちます。教会における一致した規律は、教会による一致した祈りに先立ちます。次のことを心に留めなければなりません。規律に注意を払わない教会は、祈りにも注意を払いません。
　教会員の生活を注意深く見守ることは、神の教会の務めです。

　愛する父よ。世界中の教会が規律に注意を払いますように。彼らの祈りが注意を欠いたものとならないために。アーメン。

11月11日

戦う力

だから、邪悪な日によく抵抗し、すべてを成し遂げて、
しっかりと立つことができるように、
神の武具を身に着けなさい。
（エフェソの信徒への手紙 6・13）

　キリスト者の兵士は、悪魔を打ち負かすために、自分が始めた生活のあり方をはっきり知っていなければなりません。
　キリスト者の兵士は敵のことを知らなければなりません。その力と技と悪徳を。敵の性格を知り、敵に打ち勝つために準備しなければならないことが分かれば、災いの日が訪れたときに敵に抵抗するための助けとなります。
　キリストの勇敢な兵士がいっそう勇敢になるにはどうすればよいでしょうか。戦いの力に加えて、いっそう祈ることです。そうすれば、戦う神の民に勝利がもたらされます。

神よ。わたしは知っています。勤勉に祈ることによって初めて、あなたのよい兵士となれることを。絶えず祈れるように、わたしをお助けください。アーメン。

11月12日

聖性の衰退

「わたしは、あなたの行いと労苦と忍耐を知っており、
また、あなたが悪者どもに我慢でき〔なかった〕……
ことも知っている。」
（ヨハネの黙示録2・2）

　次のことはある意味で印象的です。エフェソにある教会は、初めのころの愛から離れ、生き生きとした聖性と霊的生活に関して衰退していました。にもかかわらず、悪い者たちを許さないことで彼らは評価されたのです。
　ペルガモンにある教会は警告を受けます。一部の教会員の信仰が他の教会員のつまずきとなっていたからです。
　教会指導者たちはこれらの欠点を気に留めていませんでした。教会を清め、また清いままに保つために祈らなかったのです。祈る教会は、堕落した教会員を急いで助けなければなりません。

愛する神よ。世界中の教会のために祈ります。彼らが祈る教会となって、信者を助け、導くことができますように。アーメン。

11月13日

戦いを立派に戦い抜く

信仰の戦いを立派に戦い抜き、永遠の命を手に入れなさい。
命を得るために、あなたは神から召され、
多くの証人の前で立派に信仰を表明したのです。
（テモテへの手紙一 6・12）

　信仰の戦いを立派に戦い抜くキリスト者の兵士は、人々から退いた場所で祈ります。絶えず祈るためです。
　キリスト者の生活は生涯にわたって続く戦いです。聖書は人々を、遠足や休日ではなく、生活へと招いています。そこでは努力と戦うことが求められます。敵に立ち向かい、最後に勝利を得るための精神力が必要です。
　それは花の咲き乱れる容易な道ではありません。始まりから終わりまでが戦いです。

愛する父よ。あなたに感謝します。絶えず敵と戦うために、わたしはあなたの内に魂の安らぎと力を見いだします。あなたのわたしたちへの愛により、わたしたちは勝利を得るのです。アーメン。

11月14日

祈りがなければ、わたしたちは餌食となる

身を慎んで目を覚ましていなさい。
あなたがたの敵である悪魔が、ほえたける獅子のように、
だれかを食い尽くそうと探し回っています。
(ペトロの手紙一 5・8)

　神の教会は戦う軍勢です。教会は目に見えない悪の力と戦います。神の民は、地上に神の国を打ち立てるために戦う軍隊です。教会が目指すのは、サタンの支配を滅ぼし、その廃虚の上に神の国を建てることです。
　キリスト者の兵士の生活全体は、祈りの生活にかかっています。
　祈りがなければ、たとえ他の何を持っていようとも、キリスト者の兵士の生活は無力です。祈りがなければ、たやすく霊的な敵の餌食となるのです。

　父である神よ。わたしを敵の餌食としないでください。自らを律し、目を覚まして、いつもあなたに祈れるように、わたしをお助けください。あなたはわたしを新たに強めてくださいます。アーメン。

教会員の数と質

「わたしの僕ほど目の見えない者があろうか。」
（イザヤ書 42・19）

　聖なる生活ではなく、罪の生活を選ぶ教会員について、教会は目を留めないでいます。
　実際、教会員を増やすことばかりを求めるために、指導者は、神の言葉を公然とおろそかにする教会員に全く目を留めないのです。今や教会員の質ではなく数が大事なのです。
　祈りはこうした事態を変容させます。祈ることにより、教会員は自分の罪を告白するか、教会を離れるのです。

神よ。あなたの民、特に教会指導者の目を開いてください。彼らが教会員の数よりも質に目を留めることができますように。アーメン。

11月16日

教会は実りを生み出す

「御国が来ますように。
御心が行われますように、
天におけるように地の上にも。」
（マタイによる福音書6・10）

　使徒の教会における宣教運動は、断食と祈りの雰囲気の中で生まれました。宣教の業は神の業です。
　祈る宣教者が神の業のために必要とされています。そして、宣教者を送り出せるのは、祈る教会だけです。祈りには、力強く福音を宣べ伝えさせる力があります。
　福音に、すべての敵に打ち勝つ力を与えるのは、祈りの力です。

　世界に福音を広められるかどうかは、あなたの子らの祈りにかかっています。主よ、わたしたちを強めてください。あなたに祈ることによって世界を変える力をわたしたちにお与えください。アーメン。

11月17日

神の御計画

> 弱い人に対しては、弱い人のようになりました。
> 弱い人を得るためです。
> すべての人に対してすべてのものになりました。
> 何とかして何人かでも救うためです。
> （コリントの信徒への手紙一 9・22）

　主はその御計画により、宣教の領域に働き手を与え、また説教者を招かれます。このことは祈りによってなされます。
　これはあらゆる人間の計画とは異なる、祈りによる計画です。宣教者は「遣わされた人々」でなければなりません。神が彼らを遣わさなければなりません。彼らは神に招かれ、それぞれの業へと遣わされます。彼らは内的に導かれて、世の収穫の畑へと導かれます。
　人間が、宣教者になること、また説教者となることを選ぶのではありません。教会の祈りに答えて、神が働き手を収穫の畑へと遣わすのです。

　全能の神よ。あなたに感謝します。あなたは教会の祈りに答えて、宣教者を収穫の畑へと招いてくださいました。
アーメン。

11月18日

祈る宣教者

主は人ひとりいないのを見
執り成す人がいないのを驚かれた。
(イザヤ書 59・16)

　祈る教会は、世の収穫の畑に働き手をもたらします。宣教者のために祈ることは、教会の責務です。
　外国によく訓練された人々を派遣するのは正しいことです。しかし、何よりもまず神が人々を遣わさなければなりません。派遣は祈りの実りです。祈る人々が働き手を送ってくださるよう祈らなければならないのと同じように、働き手も祈らなければなりません。祈る宣教者の第一の使命は、祈らない人を祈る人に変えること、人々の心を燃え立たせて祈りへと導くことです。
　祈りは人々が自分の使命と働きを実現する助けとなります。

　神よ。今日わたしは、あなたの御言葉を広めるために働くすべての宣教者のために祈ります。彼らを祝福し、守り、あなたの平和をお与えください。アーメン。

11月19日

祈りの訓練

体の鍛練も多少は役に立ちますが、
信心は、この世と来るべき世での命を約束するので、
すべての点で益となるからです。
（テモテへの手紙一 4・8）

　あなたが母国で祈っていなければ、外国で宣教者として働くために祈りの訓練を積む必要があります。
　今周りにいる人に共感できなければ、どうして外国で人々に共感することができるでしょうか。宣教者は母国で失敗した信者であってはなりません。人は外国で宣教者となって祈る前に、母国で祈りの人にならなければなりません。
　言い換えれば、母国で宣教者として働く霊的資質と、外国で宣教者として働く霊的資質は同じです。

父である神よ。母国にいようと外国にいようと、あなたのための宣教者となりたいと望みます。あなたの霊によってわたしの働きを導いてください。アーメン。

11月20日

神に招かれた人

「だから、収穫のために働き手を送ってくださるように、
　　　収穫の主に願いなさい。」
（マタイによる福音書 9・38）

　神は、祈りに答えて、御自身の仕方で、信者を御自分の収穫の畑に招きます。人々は宣教者となるために、神に招かれなければなりません。教会や宣教団体に促されて、宣教に行く義務を感じるだけではいけません。彼らは神に選ばれなければならないのです。
　収穫は多いでしょうか。働き手は少ないでしょうか。祈ろうではありませんか。教会を覆う祈りの波のように、収穫を待つ畑に働き手を送ってくださるように、神に願おうではありませんか。
　主が多すぎる働き手を送り、畑がいっぱいになる心配はありません。主があなたを招かれたなら、主はあなたに必要なものを与えてくださいます。

愛する神よ。わたしたちがあなたの招きと関係なしに収穫の畑に人を送ることがありませんように。わたしたちにできるのは祈ることだけです。あなたが働き手を備えてくださるからです。アーメン。

11月21日

神にはできることを信じる信仰

「人の子が来るとき、
果たして地上に信仰を見いだすだろうか。」
（ルカによる福音書 18・8）

　祈りの力は、神にできることを信じる信仰によって測られます。信仰は、神が働くための第一の条件です。また信仰は、人が祈るための第一の条件です。
　信仰は神の限りない力を信じます。信仰は祈りを特徴づけます。弱い信仰は常に弱い祈りしか生み出しません。力強い信仰は力強い祈りを生み出します。わたしたちは神の力への生き生きとした信仰を必要としています。
　わたしたちは世に合わせた仕方で神を限定して考えます。そのため神の力をあまり信じません。僅かな信仰によって神を小さくしているのです。

　神よ。あなたが何でもできることを信じられるように、わたしの信仰を増してください。人間にできなくても、あなたには可能です。あなたの御名をたたえます。アーメン。

11月22日

神の力

「おできになるなら、
わたしどもを憐れんでお助けください。」
(マルコによる福音書 9・22)

　神が何かを行う力を制限できる唯一の条件は、信仰を欠くことです。神は行動を制約されることも、人間を制約する条件に縛られることもありません。神に制限はありません。
　時間、場所、距離、能力などのすべての条件は神に適用されません。神の子らが神に向かい、真の祈りをもって叫び声を上げるなら、神は耳を傾けて、どのような状態からも救ってくださいます。
　神が、何でもできる御自身の力について、御自分の民に教えなければならないのは不思議なことです。

　父である神よ。わたしたちは、あなたのために偉大なことをするために、時間や場所や能力によって制約されません。わたしたちを縛る唯一のものは信仰を欠くことです。わたしたちを祈る兵士としてください。アーメン。

11月23日

人間の思いを超える神

わたしたちが求めたり、思ったりすることすべてを、
はるかに超えてかなえることのおできになる方に……。
（エフェソの信徒への手紙 3・20）

　祈りは神に関わります。神が何かを行う力に関わります。
　神は、何かを行う力に関して、人間が求めることを超えておられます。人間の思い、言葉、想像力、望み、欲求で、神が何かを行う力を測ることはできません。
　祈りは神御自身の力によってささげられます。祈りは信仰によってささげられます。それも、神の約束に対してだけではなく、神御自身と神が何かをなさることのできる力に向けて。

　主よ。あなたに感謝します。あなたは御言葉によって知らせてくださいました。あなたは、わたしたちが求めたり、思ったりすることすべてを、はるかに超えてかなえることがおできになるということを。あなたがとこしえにたたえられますように。アーメン。

11月24日

神の御稜威(みいつ)

初めからのことを思い出すな。
昔のことを思いめぐらすな。
（イザヤ書 43・18）

　わたしたちは日々、被造物の内に神の御稜威と力を見いだします。これが神への信仰の土台です。わたしたちの祈りの助けです。
　それから神は、御自身がなさったことから、神御自身へとわたしたちの思いを向け変えます。わたしたちは神の限りない栄光と力に思いを巡らします。
　それゆえ、もしもわたしたちに祈りと信仰があるなら、神はわたしたちの祈りに答え、わたしたちの内で働かれます。そして、かつて行われたことを忘れさせます。神の御計画の内にある、未来の事柄のほうが、はるかに偉大だからです。

　全能の神よ。今日わたしはあなたに祈ります。わたしの信仰を増し、粘り強く祈らせてください。わたしの生涯をもってあなたをたたえることができますように。アーメン。

神の家

ある人たちの習慣に倣って集会を怠ったりせず……。
（ヘブライ人への手紙 10・25）

　祈りがなければ、教会は精神のない体のようなものになります。それは死んだ体です。祈りのある教会は、神がそこにおられる教会です。祈りをないがしろにすれば、神をないがしろにすることになります。祈りを日々行わないなら、神御自身も他人のようになります。
　神の家は祈りの家です。だから、神の望みは、人々が自分の家を出て、神の家で御自身と出会うことです。
　神はそこで御自分の民と会うことを約束されました。だから、神の民の務めは教会に行くことです。祈りこそが、教会に行く霊的な人を引き寄せる主な理由でなければなりません。

　主である神よ。あなたに祈ります。あなたの教会が集会をやめることがありませんように。集まってあなたを礼拝しますように。アーメン。

11月26日

神は自由に与えてくださる

わたしたちすべてのために、その御子をさえ惜しまず
死に渡された方は、御子と一緒にすべてのものを
わたしたちに賜らないはずがありましょうか。
（ローマの信徒への手紙 8・32）

　ここに祈りと信仰のすばらしい土台があります。「すべてのもの」を賜るというこの約束は、神が御自身と独り子をわたしたちの贖いのために与えてくださったことによって保証されます。

　それゆえ、神に近づいて、大胆に、確信をもって願いをささげようではありませんか。

　神がわたしたちの必要とするものを与えてくださることを信じれば信じるほど、神は豊かに恵みを与えてくださり、わたしたちは神の栄光を見ることになります。祈るとき、神がすべてのものを自由にお与えになれることを信じようではありませんか。

　父である神よ。あなたはすべてのよいものを自由にわたしにお与えになることができます。あなたの憐れみと恵みに感謝します。アーメン。

11月27日

キリストの執り成し

絶えず祈りなさい。
（テサロニケの信徒への手紙一 5・17）

　主イエス・キリストが天の父の右の座で行われる執り成しは、なんとあがむべきものでしょうか。
　キリストの執り成しの恩恵は、わたしたちの執り成しを通じてもたらされます。わたしたちの執り成しを、わたしたちの計画をはるかに超えた御計画、すなわち神の御計画と結びつけなければなりません。キリストの働きと生涯は祈ることで、わたしたちの働きと生涯も祈ることでなければなりません。わたしたちが執り成さなければ、キリストの執り成しも実りをもたらさないのです。
　怠惰で弱々しくなげやりな祈りは、わたしたちのためにキリストがささげる祈りの効果を妨げるのです。

　主である神よ。わたしたちはイエスと同じように、祈りを生涯の働きにしたいと望みます。あなたの霊によってわたしを導いてください。アーメン。

11月28日

祈りの歴史

主に信頼し、善を行え。
この地に住み着き、信仰を糧とせよ。
（詩編 37・3）

　祈りの力は、祈りの歴史と事実によって証明されます。事実は揺るぎのない、真実の事柄です。
　理論は思弁にすぎません。意見は誤ることがあります。しかし事実は信頼できます。事実を無視することはできません。事実によって証明される祈りの力とはどのようなものでしょうか。祈りの歴史はどのようなものでしょうか。それはわたしたちに何を示しているでしょうか。祈りには歴史があります。この歴史は神の言葉に書かれ、神の聖なる人々の経験と生涯の内に記されています。
　歴史の真理は模範によって教えます。歴史をねじ曲げることによってわたしたちは真実を見誤ります。真理は歴史の事実の中にあるからです。

　父よ。あなたに感謝します。あなたの御言葉の中で祈りの力が証明されているからです。真理を知らせてくだったことを感謝します。真理はわたしを自由にしてくださいます。
　アーメン。

11月29日

神と歴史

あなたの道を主にまかせよ。
信頼せよ、主は計らい
あなたの正しさを……
真昼の光のように輝かせてくださる。

（詩編 37・5-6）

　神は信仰生活の歴史の事実を通して御自身を現されます。神は聖書の歴史の事実と模範によって御心を教えてくださいます。神は祈りによって世を治めてこられました。そして今も同じ聖なる仕方で世を治められます。
　祈りの力は、個人だけでなく、町や国家にも及びます。モーセの祈りはその一例です。彼はイスラエルに対する神の怒りと、神の御計画の実現の間に立ちはだかりました。
　王とその民が悔い改めて悪の道を離れ、祈りと断食をささげることにより、ニネベは救われました。

　父よ。わたしたちは、聖書に書かれた信仰生活の歴史から、あなたがいかなる方であるかを学びます。あなたは偉大で力に満ちておられます。あなたの御名をたたえます。
　アーメン。

11月30日

12 月

神の御心は実現される

キリストの言葉があなたがたの内に豊かに宿るようにしなさい。知恵を尽くして互いに教え、諭し合い、詩編と賛歌と霊的な歌により、感謝して心から神をほめたたえなさい。

(コロサイの信徒への手紙 3・16)

　神の言葉は祈りの記録です。祈る民とその業の記録です。神の御計画と御業の実現は祈りと関わっています。このことを理解するなら、神の言葉の中の実例、掟、模範のどれを取っても、祈りと関わっていることが分かります。祈らない民は神に用いられることがありませんでした。

　神の聖なる御名を敬うことは、神の言葉を敬うことと密接に関わります。御名があがめられること、天におけるように地にも御心が行われること、神の国が到来すること——これらは祈りにかかっています。イエスが主の祈りで教えられたとおりです。

愛する神よ。わたしは分かりました。わたしの生涯が実りを生むかどうかは、あなたに祈りをささげ、あなたの御言葉を思い巡らすことにかかっているということを。祈りの賜物を与えてくださったことを感謝します。アーメン。

12月1日

神と人間の仲介者

キリストは、肉において生きておられたとき、激しい叫び声をあげ、涙を流しながら、……祈りと願いとをささげ……ました。
（ヘブライ人への手紙 5・7）

　真の祈りは神の御心と結ばれています。そしてすべての人への憐れみと執り成しとなって注ぎ出されます。
　イエス・キリストはすべての人のために死にました。だから祈りはすべての人のためにささげられるのです。神と人間の仲介者であるキリストと同じように、祈る人は神と人間の仲介者となるのです。
　祈りは信じる者の生涯を受け止め、その永遠の運命に関わります。祈りは天に触れ、地を動かします。祈りは天と地を結びつけ、天を地にもたらします。

父よ。あなたに感謝します。真の祈りがわたしたちをあなたの御心と結びつけるからです。祈りが天に触れ、地を動かせることを感謝します。アーメン。

12月2日

神が与える祈りの処方箋

信仰によって……約束されたものを手に入れ……ました。
(ヘブライ人への手紙 11・33-34)

　ある場合に、粘り強い祈りが、神の約束のさらなる証明を与えてくれることがあります。祈りには、御言葉と神の約束を超えて、神御自身の御前に至る力があるように思われます。

　ヤコブが格闘した相手は、約束だけでなく、約束される方御自身でした。わたしたちも約束される方にしがみつかなければなりません。さもなければ約束が実現しないからです。祈りは、神御自身にしがみつくことにより、神の言葉に力を与えることもできます。約束される方にしがみつくことにより、祈りは約束を自分のためのものとするのです。

神よ。あなたに感謝します。あなたはいつも約束に忠実な方だからです。アーメン。

12月3日

祈りという特権

主を尋ね求めよ、見いだしうるときに。　呼び求めよ、近くにいますうちに。　神に逆らう者はその道を離れ　悪を行う者はそのたくらみを捨てよ。　主に立ち帰るならば、主は憐れんでくださる。　わたしたちの神に立ち帰るならば　豊かに赦してくださる。
(イザヤ書 55・6-7)

　どの罪も罪であることにおいては同じであるように、すべての人は神の救いの恵みを必要としています。
　さらに、この救いの恵みは、ただ祈りへの答えとしてのみ与えられます。だから、人は、祈りを必要としているがゆえに、祈りへと招かれているのです。
　すべての神に従う人にとって、祈れることは特権です。しかし、神に呼びかけることは務めでもあります。神はすべての罪人を憐れんでくださいます。すべての人は恵みの座に近づくことができます。願いと必要をもって、また罪と重荷をもって。

父である神よ。祈りという偉大な特権を与えてくださったあなたに感謝します。しかし、キリスト者として、祈ることが務めであることもわたしは知っています。あなたの憐れみと恵みに感謝します。アーメン。

12月4日

命の糧

「『人はパンだけで生きるものではない。
神の口から出る一つ一つの言葉で生きる』
と書いてある。」
（マタイによる福音書4・4）

　神の言葉は、祈ることによって実現します。神の言葉はわたしたちの心の中に書かれているので、祈りとなって流れ出るのです。
　心に蓄えられた約束は、祈りが力と熱をそこから得る糧です。地球に貯蔵された石炭が嵐や冬の夜にわたしたちを温めてくれるように、わたしたちの心に蓄えられた神の言葉は祈りを養い強めてくれる糧となります。
　人も祈りも、パンだけで生きるものではないのです。

愛する天の父よ。わたしは知っています。わたしはパンだけで生きるものではなく、あなたの口から出る一つ一つの言葉で生きるのだということを。アーメン。

12月5日

祝福を与えられる幸い

「はっきり言っておく。わたしを信じる者は、
わたしが行う業を行い、
また、もっと大きな業を行うようになる。
わたしが父のもとへ行くからである。」
(ヨハネによる福音書 14・12)

　愛と従順と一つに結ばれた祈りは、すべてのことへの答えです。神の言葉と結ばれた祈りは、神のすべての賜物を聖なるものとします。
　祈りはただ神から何かを受け取るだけではありません。それはまた、神から与えられたものを聖なるものとするのです。祈りは祝福を受けるだけでなく、祝福を与えることも可能にします。祈りは普通の世俗的な物事を聖化するのです。
　祈りは感謝をもって神から何かを受け取り、感謝と信心をもってそれをささげます。

全能の神よ。あなたに感謝します。祈りと愛と従順は人生におけるすべてのことへの答えです。御手からいただいたすべての祝福に感謝します。アーメン。

わたしたちの心にある神の言葉

というのは、神がお造りになったものはすべて良いものであり、感謝して受けるならば、何一つ捨てるものはないからです。神の言葉と祈りとによって聖なるものとされるのです。

（テモテへの手紙一 4・4-5）

　神のよい賜物は聖なるものです。それは、神の創造の力によるだけでなく、賜物が祈りによって聖なるものとされるからです。

　祈りが実りをもたらすために不可欠なのは、神の御心を行うことです。次の問いが生じます。神の御心を知るにはどうすればよいでしょうか。答えは、神の言葉を学び、御言葉をわたしたちの内に豊かに住まわせることです。

　わたしたちは神の御心を外的に行うだけでなく、心から行わなければなりません。それは、わたしたちの内におられる主から離れることのないためです。

　わたしたちは、あなたの御言葉を思い巡らし、心に納めることによって、あなたの御心を知ることができます。絶えずあなたの御前にとどまりたいと望みます。御心を行うことができますように。アーメン。

12月7日

神の霊に満たされる

彼は、あなたがたが完全な者となり、
神の御心をすべて確信しているようにと、
いつもあなたがたのために熱心に祈っています。
（コロサイの信徒への手紙 4・12）

　祈りの内に神の御心を知るために、わたしたちは神の霊で満たされなければなりません。神の霊は聖なる人々のために執り成してくださるからです。
　神の霊と神の言葉で満たされることが、神の御心を知ることです。それは、永遠の御計画を読み取り、正しく読み解けるような心の状態になることです。
　心が御言葉と霊で満たされることにより、御父の御心を知ることが可能になります。御心を識別し、わたしたちの生涯の導きとも羅針盤ともできるようになるのです。

　神よ。今日わたしはあなたに祈ります。あなたの御心を知ることができるよう、あなたの霊で満たしてください。あなたはわたしの導きまた羅針盤です。アーメン。

12月8日

祈りの普遍性

希望の源である神が、
信仰によって得られるあらゆる喜びと平和とで
あなたがたを満たし、聖霊の力によって
希望に満ちあふれさせてくださるように。
(ローマの信徒への手紙 15・13)

　祈りは広く世界に影響を及ぼします。祈りはすべてのところに達し、すべてのものに手を差し伸べます。祈りには普遍性があります。

　祈りは個人に恵みを及ぼします。しかし、その影響は広く世界に関わります。祈りは生涯のあらゆる出来事の中で人を祝福し、あらゆる非常時に助け、あらゆる試練の中で慰めを与えます。

　助け、慰め、導きとして祈りを必要としない経験は存在しないのです。

祈りの賜物を与えてくださったあなたに感謝します。わたしたちはあなたに祈ることによって人生のすべての状況に立ち向かうことができます。あなたはわたしたちに答え、慰めを与えてくださいます。アーメン。

12月9日

聖書の権威

信仰は聞くことにより、
しかも、キリストの言葉を聞くことによって始まるのです。
（ローマの信徒への手紙 10・17）

聖書の権威によれば、祈りは、信仰の祈りと、委託の祈りに分けられます。信仰の祈りは、聖書の御言葉に基づきます。必ず答え——祈りの対象——を与えられるからです。

委託の祈りは、いわば決まった約束の言葉なしにささげられます。しかし、この祈りは悔い改めの心をもって神にすがり、魂が必要とするものを神に願います。

アブラハムは、神がソドムを赦してくださることを約束されてはいませんでした。しかし、この熱心な指導者は、粘り強い祈りと多くの涙をもってイスラエルの民のために執り成すことにより、神に聞き入れられたのです。

アブラハムは、粘り強い祈りと多くの涙をもってイスラエルの民のために執り成すことにより、神に聞き入れられました。父よ、あなたに感謝します。あなたはいつもわたしたちの祈りに耳を傾け、よいときにそれに答えてくださいます。
アーメン。

12月10日

神の御名を呼び求める

……区別はなく、すべての人に同じ主がおられ、御自分を
呼び求めるすべての人を豊かにお恵みになるからです。
(ローマの信徒への手紙 10・12)

　祈りの普遍性について考えると、さまざまな側面が見いだされます。第一に、すべての人は祈らなければなりません。
　祈りはすべての人に必要です。なぜなら、すべての人は神を必要としているからです。神が持っておられるもの、祈りだけが与えることのできるものを必要としているからです。人はどこにおいても祈らなければなりません。それと同じように、どこにおいても他の人のために祈らなければなりません。
　信じる者は、祈るように求められるとき、すべての人のために祈らなければなりません。赦しと憐れみと助けを神に呼び求めるすべての人に約束は与えられているからです。

愛する父よ。あなたを賛美します。いつ、どこででもあなたに祈れることをあなたは教えてくださったからです。
アーメン。

12月11日

祈りの環境

> わたしが望むのは、男は怒らず争わず、
> 清い手を上げてどこででも祈ることです。
> （テモテへの手紙一 2・8）

　神の子らはどこででも祈ることができます。どのような環境また状況においても神に近づくことができるからです。ただしこの考えには一つ付け加えなければならないことがあります。

　悪行がなされる場所が存在します。その場所柄、すなわち、そこで何かを行う人、彼らを支持する人の道徳的性格から生じる、内的な環境というものがあります。このような場所は祈りにふさわしくありません。

　誰もそこで祈ることができないような場所では、祈ることを避けるべきです。

　神よ。あなたに感謝します。わたしたちはどのような環境また状況においてもあなたに近づくことができるからです。しかし、祈りによりふさわしい場所があることにも気づかせてください。アーメン。

12月12日

どこで祈るべきか

「わたしには、すべてのことが許されている。」しかし、すべてのことが益になるわけではない。「わたしには、すべてのことが許されている。」しかし、わたしは何事にも支配されはしない。
(コリントの信徒への手紙一 6・12)

　わたしたちはどこででも祈ることができます。そうだとしても、祈りをささげるべきでない場所に行くべきではありません。
　どこででも祈るというのは、ふさわしい場所で祈るということであり、特に祈るための場所で祈るということです。どこででも祈るというのは、職場や、人々との関わりや、自宅で、祈りの心を保つということです。
　主の祈りの模範は、すべての人のために祈ることです。主の祈りは、必要とされるあらゆるところで、あらゆる時に、すべての人のためにささげられたからです。

　主よ。あなたに感謝します。あなたは御言葉の中で、どう祈るべきか、模範を示してくださったからです。アーメン。

12月13日

権力者のための祈り

そこで、まず第一に勧めます。願いと祈りと執り成しと感謝とをすべての人々のためにささげなさい。王たちやすべての高官のためにもささげなさい。わたしたちが常に信心と品位を保ち、平穏で落ち着いた生活を送るためです。

(テモテへの手紙一 2・1-2)

　教会指導者のために定期的に祈ることは特に大切です。祈りには大きな力があります。
　祈りはよい統治者を生み出します。また、よい統治者をいっそうよい者とします。祈りは無法な者、暴虐な者をいさめます。統治者のために祈らなければなりません。統治者には祈りが届かないとか、彼らが祈りに動かされないということはありません。統治者は神の下にいるからです。
　パウロが手紙をテモテに書いていたとき、ローマで王座に座っていたのは暴虐な皇帝ネロでした。パウロは権力者のために祈るように促します。国家が平和と安定によって統治されるためです。

12月14日

神よ。わたしは祈りには大きな効果があることを知っています。今日わたしは世界中の指導的な地位にある人々のために祈ります。彼らが、導き手また王であるあなたを知り、あなたに従うことができますように。アーメン。

祈りの生きた力

「信じて祈るならば、求めるものは何でも得られる。」
（マタイによる福音書21・22）

　神の言葉によって祈りに力が与えられていなければ、どれほど熱心に祈っても、その祈りは空虚です。
　祈りに力がないのは、神の言葉で常に満たされていないからです。神の言葉は荒みを潤し、命を新たにするからです。よく祈ることを学びたいなら、まず神の言葉を学び、それを心に留めなければなりません。
　神の言葉に耳を傾けるなら、祈りより大切な務めはないことが分かります。祈りと結びついた約束以上に輝かしく豊かなものはありません。

　父である神よ。祈りを学ぶには、あなたの御言葉を学び、心に留めるほかないことをわたしは知っております。あなたの祈る僕となるという偉大な務めを果たさせてください。アーメン。

12月15日

広い心でささげる祈り

> 主は倒れようとする人をひとりひとり支え
> うずくまっている人を起こしてくださいます。
> （詩編 145・14）

わたしたちが祈り、恵みの座に近づくとき、心に憐れみがなければなりません。

神とその救いの計画、そしてすべての人が必要とすることについて、狭い心を持っているなら、実りをもたらす祈りをささげることはできません。よく祈ることのできるのは、神とその贖いの御計画を知っている、心の広い人です。

祈りは、すべての人への同情で満たされた広い心から生まれます。

愛する神よ。わたしは知っています。あなたの御心を知る広い心の人がよく祈れるのだということを。日々、イエスに似た者となれるよう、わたしを導いてください。アーメン。

12月16日

祈りは天を地にもたらす

「これらのことを話したのは、あなたがたがわたしによって平和を得るためである。あなたがたには世で苦難がある。しかし、勇気を出しなさい。わたしは既に世に勝っている。」

（ヨハネによる福音書 16・33）

　祈りは神の御心と並んで歩みます。祈りは天に達し、天を地にもたらします。祈りはこの二重の祝福を含みます。
　祈りは、祈る人に報いを与えると共に、祈られた人に祝福をもたらします。祈りは争いのあるところに平和をもたらします。祈る人には、内的にも外的にも、平安が訪れます。
　正しい祈りは生活を美しく平和なものとするだけでなく、そこに義を注ぎ込みます。性格の誠実さと一貫性と力が、祈りのもたらす自然で本質的な実りです。

　主である神よ。あなたに感謝します。わたしたちはあなたの内に平和を見いだすからです。わたしは試練が訪れることを知っています。しかし恐れてはならないことも知っています。あなたが世に勝ったからです。アーメン。

12月17日

わたしたちの偉大な執り成し手

わたしたちの主イエス・キリストの父である神、慈愛に満ちた父、慰めを豊かにくださる神がほめたたえられますように。神は、あらゆる苦難に際してわたしたちを慰めてくださるので、わたしたちも神からいただくこの慰めによって、あらゆる苦難の中にある人々を慰めることができます。

(コリントの信徒への手紙二 1・3-4)

　世界中でささげられる私心のない祈りは神の御心に適います。また神はこの祈りを心に留めてくださいます。こうした祈りは神の御心に協力し、神の民に恵みを流れ下らせるからです。
　キリスト・イエスが地上におられたときにささげられたのはこのような祈りです。同じ祈りをイエスは偉大な執り成し手として、天の御父の右の座で今もささげておられます。
　イエスは祈りの模範です。イエスは神と人間の仲介者として、すべての人のために御自身を贖いとしてささげられたからです。

12月18日

主よ。あなたに感謝します。あなたは独り子をお与えになるほどわたしたちを愛してくださいます。そのため、わたしたちは天であなたと共にとこしえに生きることができるのです。アーメン。

祈りの家

　「あなたがたがわたしにつながっており、
　わたしの言葉があなたがたの内にいつもあるならば、
　望むものを何でも願いなさい。そうすればかなえられる。」
（ヨハネによる福音書 15・7）

　神の家は「祈りの家」と呼ばれます。祈りが神の家の最も大切な務めだからです。そのため聖書も祈りの書と呼ばれます。祈りは人類に対する聖書のメッセージの大きなテーマです。

　キリストの言葉がわたしたちの内に豊かに宿ることにより、わたしたちは造り変えられます。その結果、わたしたちは祈るキリスト者となります。

　信仰は御言葉と霊によって築き上げられます。信仰は祈りの身体また本質です。御言葉はわたしたちの祈りにとっての土台また力となります。

　主よ。あなたは仰せになりました。「あなたがたがわたしにつながっており、わたしの言葉があなたがたの内にいつもあるならば、望むものを何でも願いなさい。そうすればかなえられる」と。わたしたちをそれほどまでに愛してくださるあなたの聖なる御名をたたえます。アーメン。

12月19日

祈りの限りない力

わたしたちが求めたり、思ったりすることすべてを、
はるかに超えてかなえることのおできになる方に……。
(エフェソの信徒への手紙3・20)

　パウロはエフェソの信徒に対する有名な祈りの中で、祈りの限りない力をたたえます。また、祈りに答えてくださる神の力をもたたえます。
　祈りはすべてを包みます。祈りが届かず、聖化することのできない時も場所もありません。天と地にあるすべてのものも、時間の内にあるものも永遠のものも、すべて祈りに含まれます。
　祈りの対象として大きすぎるものも小さすぎるものもありません。祈りは生活の最もささいなものにも達すると共に、わたしたちに関わる最も大きなものも含みます。

　愛する天の父よ。あなたに感謝します。あなたに何でも祈ることができるからです。あなたにささげる祈りにおいて、大きすぎるものも小さすぎるものもありません。アーメン。

12月20日

思い煩うのをやめる

どんなことでも、思い煩うのはやめなさい。何事につけ、感謝を込めて祈りと願いをささげ、求めているものを神に打ち明けなさい。そうすれば、あらゆる人知を超える神の平和が、あなたがたの心と考えとをキリスト・イエスによって守るでしょう。

（フィリピの信徒への手紙 4・6-7）

　心配は人類に蔓延する病です。すべての人が心配の影響を受けます。

　家庭における心配事があります。祈り以外にそれから逃れるすべはありません。仕事上の心配事があります。貧しい人にも金持ちにも心配事があります。わたしたちは恐れの世界に住んでいます。人類は恐れる種です。フィリピの信徒への手紙4章6-7節でパウロは優れた警告を与えます。これは、わたしたちが不安を乗り越え、思い煩いから解放されるための、神の戒めです。

　これが、すべての不安、心配、試練に対する、神が与えてくださった薬です。

主よ。わたしは知っています。わたしたちが心配事と重荷をあなたに示せることを。あなたは慰めと安らぎを与えてくださいます。わたしたちを心にかけてくださるからです。アーメン。

12月21日

心配から解放される

あらゆる人知を超える神の平和が、あなたがたの
心と考えとをキリスト・イエスによって守るでしょう。
（フィリピの信徒への手紙 4・7）

　祈りだけが、「あらゆる人知を超える神の平和」を心と考えにもたらしてくれます。
　心配は心の一致と静けさを引き裂き、散らし、混乱させ、壊します。心配から守られ、心配から解放される秘訣を学ぶことが必要です。それが祈りです。あらゆることについて祈るなら、乱れた心を落ち着かせ、生活の思い煩いと混乱から人を解放します。
　祈りはあらゆる不安、心配、思い煩いを癒やす完全な薬です。祈りだけが思い煩いをなくし、わたしたちが変えることのできない事柄への心配から救い出してくれます。

父よ。今日わたしは、わたしのあらゆる心配、思い煩い、不安をあなたに示します。わたしはこれらのものを御前に置きます。わたしに平安をお与えください。イエスの御名によって祈ります。アーメン。

12月22日

宣教の実りの秘訣

「人の子は、失われたものを捜して救うために来たのである。」
（ルカによる福音書 19・10）

　サタンは人々が神に向かうのを妨げることができません。そのためサタンはこの動きを台無しにしようとたくらみます。力強い祈りだけが、わたしたちの神に向かう動きを物質的になることから救い、精神を強く生き生きと保たせます。
　宣教が実りをもたらす秘訣は祈りです。この秘訣を教会は手にしています。この戦いで真に役立つのは資金ではありません。機械は異邦人の壁を打ち壊し、異邦人の心をキリストに向かわせるのに役立ちません。
　祈りだけが、それを成し遂げるのです。

　父である神よ。すべての宣教に実りをもたらす秘訣は、あなたにささげられる祈りです。祈りが言葉にならないときにも、わたしたちを導き、強め、祈り続けさせてください。アーメン。

12月23日

常に喜びなさい

主において常に喜びなさい。重ねて言います。喜びなさい。
あなたがたの広い心がすべての人に知られるようになさい。
主はすぐ近くにおられます。
(フィリピの信徒への手紙 4・4-5)

　心配事に満ち、誘惑に支配され、多くの試練が待ち受けている世界の中で、どうすれば常に喜ぶことができるでしょうか。
　この常に喜びなさいという言葉を聞いて、わたしたちはそれを神の言葉として受け入れ、尊重します。けれども、喜びは生まれません。わたしたちは優しく柔和であろうと決意します。主が近いことを思い起こします。それでも、わたしたちは性急で、忍耐することができません。
　喜びに満ち、心配がなく、平和な体験は、信者を信仰による喜びへと導きます。わたしたちはただ、神に従い、信頼しなければなりません。

父よ。この壊れた世界にいるわたしたちは、常に喜ぶことができません。しかしわたしは知っています。あなたの御心に従って生きることにより、わたしの人生はあなたを仰ぎ見る喜びに満たされることを。アーメン。

12月24日

祈りは答えをもたらす

願い求めても、与えられないのは、自分の楽しみのために
使おうと、間違った動機で願い求めるからです。
(ヤコブの手紙 4・3)

　正しく祈るなら、祈りへの答えは必ず与えられます。祈りにはどれほど大きな力があることでしょう。祈りはまだ知られていないどれほど不思議な業を世で行うことでしょう。なぜ人は月並みな祈りで答えを求めるのでしょうか。
　神は祈りに答える約束をするふりをしているのではありません。すべての問題はわたしたちの祈り方が間違っていることに由来します。わたしたちが間違っているので、願っても得られないのです。神の子どもよ。あなたは祈ることができるでしょうか。祈れないとすれば、それはなぜでしょうか。祈りが答えられるのは、あなたの祈りが真実であることの証拠です。

　父よ。祈っても答えられないとき、わたしの動機を調べさせてください。あなたの霊でわたしを導いてください。真実な心で祈ることができますように。アーメン。

12月25日

キリストの内に住む

「あなたがたがわたしにつながっており、
わたしの言葉があなたがたの内にいつもあるならば、
望むものを何でも願いなさい。そうすればかなえられる。」
(ヨハネによる福音書 15・7)

　あなたの祈りは答えられたでしょうか。聖書に基づけば、祈りの実りは、ただ祈りの答えの内にのみ見いだされます。祈りの恵みを表すのは次の言葉です。「祈りは宇宙を動かす御腕を動かす」。

　祈りが答えられるのは、わたしたちの望みがかなえられるという意味で重要なだけではありません。それはわたしたちがキリストの内に住んでいることのしるしでもあります。だからこそ、それはいっそう重要なのです。祈るという行為だけでは神との関係が証明されません。それは単なる習慣にすぎない場合もあります。

　しかし、祈ってはっきりした答えを与えられるなら、それはわたしたちがイエス・キリストと深く結ばれていることの確かな証拠なのです。

12月26日

　愛する神よ。正しく祈ることを教えてください。わたしたちの祈りは、宇宙を動かすあなたの御腕を動かすことができます。あなたの御名をたたえます。アーメン。

神の存在の証明

わたしに答えてください。主よ、わたしに答えてください。そうすればこの民は、主よ、あなたが神であり、彼らの心を元に返したのは、あなたであることを知るでしょう。

(列王記上 18・37)

　神に対しても人間に対しても、祈りが答えられることは、わたしたちの祈りにとって極めて重要です。直接的でまぎれもない仕方で祈りが答えられることは、神の存在の証明です。
　それは、神が被造物を心にかけ、御自分に近づく者たちに耳を傾けることの証明です。祈りが答えられること以上に、神の存在を明確に証明する証拠はありません。
　祈りへの答えは、神をたたえる祈りの一部です。答えられることのない祈りは、祈る人を暗闇にとどめ置き、不信仰者に確信をもたらすこともありません。祈りへの答えは神との正しい関係の説得力のある証拠です。

父よ。エリヤの祈りは今日のわたしの祈りでもあります。主よ、わたしに答えてください。そうすれば民は、あなたが神であり、彼らの心を元に返したのは、あなたであることを知るでしょう。イエスの御名によって。アーメン。

12月27日

説得力のある証拠

「父よ、わたしの願いを聞き入れてくださって感謝します。わたしの願いをいつも聞いてくださることを、わたしは知っています。しかし、わたしがこう言うのは、周りにいる群衆のためです。あなたがわたしをお遣わしになったことを、彼らに信じさせるためです。」　　　　　（ヨハネによる福音書11・41-42）

　祈りに実りをもたらすのは、祈る行為ないし態度ではありません。祈りに力を発揮させるのは、神の前にひざまずくことでも、美しい言葉で祈ることでもありません。
　これらのことはすべて、神をたたえるものではありません。神の御名をたたえるのは、祈りへの答えです。祈りへの答えは、わたしたちの神との正しい関係の生きた証拠です。イエスはラザロの墓の前でこの言葉を述べました。イエスの祈りに対する答えは、イエスが神から遣わされたことの証拠となりました。

　わたしはイエスと同じように祈ります。「父よ、わたしの願いを聞き入れてくださって感謝します。わたしの願いをいつも聞いてくださることを、わたしは知っています」。
アーメン。

12月28日

神は祈りに答えてくださる

今わたしは分かりました。あなたはまことに神の人です。
（列王記上 17・24）

　神に近づき、祈りに対して何度も神から答えを与えられた人は、最も神から恵みを受けた人です。
　わたしたちは次のような偽りの口実をもって、偽りの信仰をごまかし、祈る力のない恥ずかしさを隠します。すなわち、神は直接的、客観的な仕方でではなく、間接的、主観的な仕方で答えるのだと。さもなければ、わたしたちは自分の霊的な怠惰をこう言ってごまかします。神が答えてくださらないのは、それが御心でないからだと。
　信仰は神の祈る人々にこう教えます。祈りに答えることが神の御心であると。神はすべての祈りに答えてくださいます。真に祈る神の子らのすべての祈りに答えてくださるのです。

　あなたの子らは、信仰によって、あなたが祈りに答えてくださると確信することができます。神よ、あなたの慈しみのゆえに、あなたに感謝します。アーメン。

12月29日

神のしるし

わたしたちの主イエス・キリストの父である神は、ほめたたえられますように。神は、わたしたちをキリストにおいて、天のあらゆる霊的な祝福で満たしてくださいました。

(エフェソの信徒への手紙 1・3)

　祈りへの答えによって、人間は豊かにされます。祈りへの答えは、わたしたちを絶えざる神との交わりへと導きます。感謝を呼び覚まし、深めます。そして、賛美の歌声を呼び起こします。

　祈りへの答えは、わたしたちの祈りにおける神のしるしです。それは天との交信であり、神との関係を築き上げ、現実のものとします。

　わたしたちが神に祈りをささげると、神は祝福を与えられます。神は贖いの血を通してわたしたちの祈りを受け入れ、御自身を与えてくださいます。御自身の存在と恵みを与えてくださるのです。

父よ。わたしは御前に進み出て、賛美の祈りをささげます。わたしは、あなたがわたしたちに与えてくださったすべての祝福と慈しみのゆえにあなたに感謝したいと望みます。わたしの罪をお赦しください。アーメン。

12月30日

神の羊毛

あるいは、神の憐れみが
あなたを憐れむ故に篤く、
その暴かな慈悲と赦しと恩寵とを嘆くためですか。
(ローマ人信徒への手紙 2・4)

神は羊飼いとしての重みを持っておられます。この羊飼いは
主イエス・キリストを通してわたしたちにあらわされます。
それゆえだ、キリストの贖いのゆえに、御名による願い
によります。

神は羊の一匹一匹を知り、羊りに耳を傾けて、それに答えて
にもります。その為め、神の御顔を見る体は、この偉大
な牧者を中心に回っています。神は経して下さる、力に満ちて
くださいます。
神の羊は、神りに答えてくださるように示されます。神
は知識と知恵を経してくださって神りに間わります。神の羊
たちです。神は経たにに御名をもって来たる御目もすての方たち先
に語えてくださるのです。

✕

である神よ、わたしは知っています、御名にあってわた
したちが願うことは何でも、あなたが与えてくださるあな
たは羊飼いです。あなたは我に御単を守ってくださいます。
あなたの御名が崇められますように。アーメン。

12月31日